品质课程聚焦丛书
王雪梅　杨四耕　主编

聚焦育人质量的学科课程设计

胡志杰◎主编

全国教育科学"十三五"规划课题
"区域推进中小学品质课程建设的实践研究"
（课题编号 FHB180571）之研究成果

华东师范大学出版社
·上海·

图书在版编目（CIP）数据

聚焦育人质量的学科课程设计/胡志杰主编. —上海：
华东师范大学出版社，2021
（品质课程聚焦丛书）
ISBN 978-7-5760-2288-9

Ⅰ.①聚… Ⅱ.①胡… Ⅲ.①中学教育-教学研究
Ⅳ.①G632.0

中国版本图书馆 CIP 数据核字（2021）第 237527 号

品质课程聚焦丛书
聚焦育人质量的学科课程设计

丛书主编　王雪梅　杨四耕
主　　编　胡志杰
责任编辑　刘　佳
特约审读　陈成江
责任校对　郭　琳　时东明
装帧设计　卢晓红

出版发行　华东师范大学出版社
社　　址　上海市中山北路 3663 号　邮编 200062
网　　址　www.ecnupress.com.cn
电　　话　021-60821666　行政传真 021-62572105
客服电话　021-62865537　门市（邮购）电话 021-62869887
地　　址　上海市中山北路 3663 号华东师范大学校内先锋路口
网　　店　http://hdsdcbs.tmall.com

印 刷 者　常熟市文化印刷有限公司
开　　本　787×1092　16 开
印　　张　13.5
字　　数　135 千字
版　　次　2021 年 12 月第 1 版
印　　次　2021 年 12 月第 1 次
书　　号　ISBN 978-7-5760-2288-9
定　　价　42.00 元

出版人　王　焰

（如发现本版图书有印订质量问题，请寄回本社客服中心调换或电话 021-62865537 联系）

丛书编委会

主 编
  王雪梅 杨四耕
编 委
  孙 波 李德山 崔春华 裴文云 李 红 廖纯连 苏家云
  刘文芬 王慧珍 牛旌丽 柴 敏 吴长生 裴章云 刘 兵

本书编委会

主 编
  胡志杰
成 员
  张 化 童 勇 吴玲玲 程海兰 唐彤彤 苏 婷 王卉娟
  潘婷婷 卯燕玲 张 娟 张大青

丛书总序

自2015年以来,我们在合肥市蜀山区推进"品质课程"项目,致力于学校课程文化变革,改变区域课程改革生态。这些年,我们深刻地感受到,课程是一种文化存在,文化是课程的存在方式和存在本身。

怀特海指出,过程是世界万物固有的本性。[①] 在他看来,"事件"和"事物"不同:事件是唯一的,是不可重复的;而事物则是自然之物,是永恒的。[②] 据此,我们认为,课程文化不仅仅是事物的集合,更是事件的生成。我们可将课程文化理解为事件之展开而非仅仅是事物之集合,由此所展现的将是课程文化要素、课程文化形态、课程文化主体共同构成的一幅立体兼容的文化图景。

从"事物"角度看,课程文化是课程形态和课程实践蕴含的价值、信仰、规范以及语言等文化要素的合生体,这些文化要素构成了课程文化的基质。因此,课程文化是一种信仰、一种语言、一种规范、一种眼光、一种思维方式、一种处理问题的方式,它们具体表现为课程精神文化、行为文化、制度文化以及物质文化。课程文化要素的相互摄入以及微观生成,构成学校课程文化变革的内在过程。在怀特海看来,把具体要素据为己有的每一过程叫作摄入。[③] "摄入"理论从微观层面说明了现实存在自我生成的内在机制。

课程精神文化、行为文化、制度文化以及物质文化诸要素相互摄入进而存在于另一存在之中,成为相互依存的合生体。在这个合生体中,课程精神文化是最核心的、最深层的、根部性的文化要素,是课程物质文化、制度文化与行为文化的价值凝练和理念引领。课程制度文化是具有中介性质的文化,它联结课程物质文化和行为文化,既是课程物质文化的制度保证,又是

[①] 怀特海. 过程与实在:宇宙论研究(修订版)[M]. 杨富斌,译. 北京:中国人民大学出版社,2013.
[②] 陈奎德. 怀特海哲学演化概论[M]. 上海:上海人民出版社,1998.
[③] 杨富斌,等. 怀特海过程哲学研究[M]. 北京:中国人民大学出版社,2018.

课程行为文化的规约机制。课程行为文化是课程文化的表现，既受课程精神文化的直接影响，又受课程制度文化的现实规范。课程物质文化处在表层，是课程精神文化、课程行为文化和制度文化的空间和载体。如此，课程文化诸要素相互摄入、相互作用，共同构成课程文化的深层结构。

课程文化变革过程包含"物质性摄入"与"概念性摄入"，① 这两种摄入是多维关联的重构过程，其中微观生成是生动活泼而丰富多彩的。一般地说，学校课程文化诸要素之间的相互摄入，其中课程精神文化居于核心地位，它体现于其他各要素之中。课程文化变革可以从课程文化的部分要素开始，以点带面，但要实现课程文化彻底转向，或要真正提升学校课程品质，就必须整体协调课程文化之各要素，就要以"文化的眼光"或"思维方式"进行这种摄入行动的思考和判断。

以上是课程文化的"事物观"及其变革机理。在这里，我想再说一个观点，那就是：课程文化不是简单的要素组合，而是一个展开的事件。正如巴迪欧在《存在与事件》一书中所言：真理只有通过与支撑它的秩序决裂才得以建构，它绝非那个秩序的结果；我把这种开启真理的决裂称为"事件"；真正的哲学不是始于结构的事实（文化的、语言的、制度的等），而是仅始于发生的事件，始于仍然处于完全不可预料的突现的形式中的事件。② 从"事件"角度看，课程文化是一个不可能重复出现的生成过程，处于不断地运动变化之中。作为"事件"的课程文化之真理即是在完整的课程实践中成就人、发展人和完善人。

课程文化是学校里公开的或隐蔽的信念、行为、习惯和价值观等要素相互"包含""进入""创造""构成"的"合生"事件，它融合了课程的物质和精神两个层面的意涵，它不仅包含课程意识、课程理念、课程价值等内隐的精神文化形态，而且包含学校课程实践过程中所创造的课程物质、课程制度以及课程行为等外显的文化形态，是诸要素相互参与和多维互动的创造过程，是"事件"的生成与发生过程——因为"文化的每一个方面都是一个能

---

① 怀特海认为，对现实存在的摄入——其材料包含着现实存在的摄入——叫作"物质性摄入"；对永恒客体的摄入叫作"概念性摄入"。参阅：杨富斌，等. 怀特海过程哲学研究 [M]. 北京：中国人民大学出版社，2018.

② Alain Badiou. Being and Event [M]. London：Continuum International Publishing Group, 2006.

够改变文化的创造源,都是非常主动的创造性力量"①。

一种文化首先意味着一种眼光,眼光不同,对所有事情的理解就不同。② 课程文化是我们做事的眼光、处事方式或思维习惯,是生长着的"事件",是我们理解课程实践、推进课程变革的眼光。当然,课程文化虽然是一个"事件",但在本体论意义上,课程文化仍然是一种不易感知的实在。人类学家指出,人们一般意识不到他们身边的文化,因为此类文化表现为平常的生活,表现为看上去正常和自然的东西。文化以无意识的状态或者说未被检查的状态悄悄地让我们作出选择、进入生活。③

但是,这并不妨碍我们认识课程文化,我们仍然可以用智慧感知课程文化的存在,我们仍然可以用眼睛捕捉课程物质文化、制度文化、行为文化和精神文化。课程物质文化是以物质形态存在的设施和空间,这是课程文化赖以存在的物质基础与场域条件;课程制度文化是学校制定的规约课程实践的活动程序和价值规范,是学校课程变革过程中形成的价值体系和活动规则;课程行为文化是行为主体在长期的课程实践过程中形成的处理课程事务的一以贯之的行为方式,这种行为方式具有长期稳定性、潜意识性和无需提醒等特点;课程精神文化是学校课程文化的核心,是主导学校课程实践的理念和精神,通常会借助富有哲理的语言加以概括。这些课程文化要素,我们可以"看见"它们的合生性存在,也可以"分辨"它们的原子性存在。

我们的结论是:课程与文化有着天然的血肉联系,凡是课程变革一定是文化变革,没有文化内核的课程变革很难取得成功;文化变革需要课程建设支撑,没有课程支撑的文化变革是不可思议的。怀特海指出,现实存在就是合生,每一个现实存在都不是只有一种元素的简单的存在,不是原子论意义上的存在,而是由诸多要素构成的合生或有机体。④ 在学校课程变革过程中,课程与文化二者"合生"即生成课程文化。课程与文化的"合生"设计,是学校课程文化变革的重要方法。

---

①② 赵汀阳. 赵汀阳自选集 [M]. 桂林:广西师范大学出版社,2000.
③ 约瑟夫,等. 课程文化 [M]. 余强,译. 杭州:浙江教育出版社,2008.
④ 怀特海. 过程与实在:宇宙论研究(修订版)[M]. 杨富斌,译. 北京:中国人民大学出版社,2013.

在具体操作上，推进学校课程文化变革有两条道路可供选择。第一条道路是自上而下的演绎道路，实现从文化概念到课程设计的"合生"。首先确定学校课程哲学，包括学校课程理念、课程愿景、育人目标和课程目标。其次，厘定学校育人目标和课程目标。再次，梳理学校课程框架，设计学校课程内容。复次，活跃学校课程实施，使课程功能最大化。最后，把握学校课程评价和管理。如此，课程文化建设是从文化概念建构开始的，由此展开学校课程整体规划，实现从文化概念到课程设计的"合生"。

第二条道路是自下而上的归纳道路，实现从课程实践到文化逻辑的"合生"。学校课程文化建设实际上也是学校文化决策过程，每一所学校都有自己的文化背景，包括周边的文化资源、历史传统、现实经验，这是学校课程文化变革的客观基础，也是学校课程哲学生长的土壤，"土质"的不同导致学校课程哲学追求的不同。在分析学校课程情境的基础上，对学生的需求进行调查，了解现有课程的实施情况，发现学校课程中存在的问题；根据学校课程情境分析和学生需求调查，形成学校课程哲学，明确学校的育人目标和课程目标；基于课程价值需求分析，建构学校课程框架与体系；布局学校课程实施的多维途径和多种方式，确保课程实施的有序与有效；制定一套课程管理制度，保障课程变革的顺利推进；制定一套评估方法，对课程品质进行评估。这是由课程实践到文化逻辑的"合生"过程。

合肥市蜀山区"品质课程"项目实践表明，学校课程文化变革可以是演绎式，也可以是归纳式。演绎式可理解为"概念先行——实践验证"方式；归纳式可理解为"实践探索——归纳提升"方式。课程是具有情境性和价值负载的文本，学校课程文化变革宜采取"理论、研究与实践互动"的方式。这种方式不完全依赖于概念或理论，也不脱离学校实际情境。在学校课程实践中，以学校课程情境为基础，以课程的实际问题为切入点，以理论为指导，以概念为圆心，边研究边行动，在实践中总结提炼，又在实践中加以验证与改造，在理论与实践的互动互补、碰撞对话中生成学校独有的课程文化框架。

马克思说："全部社会生活在本质上是实践的。凡是把理论引向神秘主义的神秘东西，都能在人的实践中以及对这种实践的理解中得到合理的解决。"[1] 合

---

[1] 马克思恩格斯选集（第1卷）[M]. 中央编译局，译. 北京：人民出版社，1995.

肥市蜀山区"品质课程"项目探索告诉我们：实践是课程文化价值实现的根本途径，是推进学校课程文化变革的关键力量。学校课程文化变革必须为行动提供充分的理据，从而使得行动趋于合理化，增强学校文化变革的认同感和一致性。在某种意义上，这也是一种文化自觉。

杨四耕

2021 年 2 月 5 日于上海市教育科学研究院

目录

前　言　一切课程都是为了育人质量 —— 1

第一章　质量内涵：学科课程的价值追求 —— 1

　　随着时代的发展，我国基础教育正在开启一个全新的质量时代，提高育人质量成为课程育人的使命。学科课程是育人质量的核心载体，其价值追求具有根本性指导意义，是课程的灵魂与核心。

　　温暖语文：以温润的语言滋养心灵 / 4
　　求真物理：练就探本溯源的精神品质 / 22

第二章　质量目标：学科课程的目标定位 —— 35

　　有质量的学科课程目标对学科育人起导向作用，为教师的教与学生的学提供有效参考。在定位学科课程目标时，要充分遵循学生身心发展的一般规律，联系学科课程特点，切合现实生活需求，为学生发展注入强劲动能。

　　致真科学：以科学印证真理 / 38
　　和谐地理：为学生成长开拓视野 / 48

第三章　质量结构：学科课程的整体框架 —— 59

有质量的学科课程框架是打造学校品牌课程的关键。打造具有生长性的学科课程框架，要结合学校发展、师资情况和学生实际，充分满足学生成长需求，符合学生的认知规律，形成分类科学、布局合理的学科课程体系。

魅力英语：开启魅力学习之旅 / 62

快乐音乐：引快乐之源育祖国花朵 / 77

第四章　质量内核：学科课程的内容布局 —— 89

课程内容的设置与布局是课程的质量内核，是课程建设的中心任务。学科课程内容布局既要反映社会需要、学科特征，又要符合学生的认知规律，为学生选择课程提供基础保障。优化课程布局，丰富课程内容，有利于促进学生的个性化发展。

热度数学：让数学热起来 / 92

活力生物：探究生命之美 / 108

第五章　质量获致：学科课程的实施途径 —— 117

学校应坚持立德树人，落实"五育并举"，畅通课程实施渠道，结合课程本身特点和目标定位选择契合的实施途径。只有通过多样化的课程实施途径，才能实现课程广泛的、持久的育人价值，为学生打开认识世界的窗口。

绚彩化学：化学与美好生活 / 120

第六章　质量评估：学科课程的多元评价　— 135

质量评估是提高课程实施效果的衡量方法。在进行学科课程评价时，要符合国家相关政策、结合学校实际情况、体现学科课程特点，多主体参与、立体互动，努力促进学生、教师和学校发展。

致臻道德与法治：为学生成长打好精神底色 / 137
智识历史：开显学生的实践智慧 / 150

第七章　质量监控：学科课程的管理变革　— 169

学科课程管理要建立一个动态的质量监控体系，为学科课程深度变革提供支撑。学科课程管理要以价值引领为灵魂，通过组织建设、制度建构、校本研修和课题研究等方式，为课程的有效实施提供保障。

美心美术：内外兼修，美心美形 / 172
韵动体育：韵味牵动肢体，健康带来快乐 / 181

后　记　— 191

前言　一切课程都是为了育人质量

合肥市五十中学西校教育集团（以下简称为五十中学西校）成立于 2003 年，以安徽省动力厂学校、安居苑小区配套中学为基础整合创办。现拥有贵池路、合作化路 2 个校区，与合肥市经济开发区合作开办合肥市五十中学西校教育集团高刘分校，成为合肥市教育资源均衡化发展的典范，获得"安徽省教育系统先进集体"的光荣称号。办学以来，毕业生的优秀率、升学率以及提高率一直位居全市前列，得到学生、家长和社会的广泛赞誉，被评为安徽省教育系统先进集体。

一、学校课程的理念与追求

"大爱于心，致真于行"是我校的校训，也是我校的办学理念。基于此，我校提出自己的教育哲学——"大爱教育"。

"大爱教育"体现在每位教师在面对学生的时候，看到的不仅仅是眼前的这个学生，还应当看到这个学生的明天和将来，认识到每个幼稚年轻的生命具有极大的发展潜能，要对学生充满期望和敬畏，时刻警醒到自身的责任与使命，要深知自己是为社会、为家长、更是为党和国家培养德智体美劳全面发展的社会主义建设者和接班人，要对每一个学生不放弃、不抛弃。

大爱体现在每一个教师把学校、课堂和学生当作实现自己人生价值的载体，要把自己的精力、智慧和理想都奉献给自己的学生。2017 年，中共中央办公厅、国务院办公厅印发的《关于深化教育体制机制改革的意见》中指出："强调要健全加强师德建设长效机制。把教师职业理想、职业道德教育融入培养、培训和管理全过程，构建覆盖各级各类教育的师德建设制度体系。在准入招聘和考核评价中强化师德考查。"[①] 学高为师，德高为范；教书育

[①] 中共中央办公厅，国务院办公厅．关于深化教育体制机制改革的意见. http://www.xinhuanet.com/politics/2017-09/24/c1121715834.html．2017

人者，必先学为人师、行为世范，这是中华民族千百年来的优良传统。古往今来，"爱生如子"的高尚师德在一代又一代教师中薪火相传、生生不息。对学生无私的大爱，就是关爱和尊重每个学生，以真情、真心、真诚教育和影响学生，不让一个学生掉队，努力让每个学生成功；对学生无私的大爱，就是一切为了学生，为了学生的一切，危难时刻舍生忘死保护学生。

中共中央、国务院印发的《关于深化教育教学改革全面提高义务教育质量的意见》提出，深化关键领域改革，为提高教育质量创造条件，加强课程教材建设，完善招生考试制度，制定县域义务教育质量、学校办学质量和学生发展质量评价标准，充分发挥教师主导作用，落实学校办学自主权，激发学校生机活力。① 大爱是教育创新之魂。教育肩负着塑造人类灵魂的神圣使命，从事的是创造性的工作，必须永不停息地创新，永无止境地追求。创新，是优秀教育家和名师必须具备的一种精神和品格。而大爱，则是教育创新的不竭动力源泉。只有怀着对学生深厚的爱心，才能坚持教育的本原价值是"育人"而不是"育分"，把为学生减负、让学生增能作为教学的根本目的，潜心研究教育教学规律和学生身心发展及认知规律，致力于培养学生的学习习惯、学习兴趣、创新思维和道德人格，在创新教育实践中培养创新人才，以适应时代进步、科技发展和人的全面发展的要求。教育创新，要勇于探索，敢冒风险，突破陈规，大胆地探索教书育人的新思路、新方法、新举措，不断地创新教学方法、教学内容、教学体系和人才培养模式。这种改革意识和创新精神，同样来源于对学生、对教育事业的爱心和责任心。

二、学校课程的育人质量

学校课程建设的核心在于其目标要基于学生的发展，与学校的培养目标相一致，才能体现学校的特色。五十中学西校的办学理念提出：要以和谐的教育培养身心和谐发展的学生。和谐的教育包括整体性规划和设计多元化的课程和活动，为学生提供丰富多样的教育内容，以和谐的班级文化和学校文化为学生和谐人格的发展提供良好的环境。基于这样的标准，五十中学西校

---

① 中共中央办公厅，国务院办公厅. 关于深化教育教学改革全面提高义务教育质量的意见. http：//www. gov. cn：8080/zhengce/2019-07/08/content5407361. htm. 2019

积极建构出符合学校特色的课程群，一方面深入贯彻落实五十中学西校"大爱于心，致真于行"的校训精神，另一方面结合学生的生活实际，立足于学生的成长需要，着眼于提高学生的成长质量，实现五十中学西校"爱真理、做真人、求真知"的育人目标。

五十中学西校为了实现一切课程都是为了育人质量，主要从以下七个方面开展课程：质量内涵、质量目标、质量结构、质量内核、质量获致、质量评估和质量监控。

质量内涵即学科课程的价值追求。基于此，五十中学西校的教育哲学主要体现在责任担当（Liberal sense of obligation）、科学精神（Scientific spirit）、学会学习（Varied learning capacity）、人文底蕴（Elevating moral education）四大方面。从课程知识点的理论体系，转变为重视培养学生的学科核心素养，有效建构完整且高效的课程学习，确保学生有效提高自身的学习和实践水平，促进学生综合能力的优化增强，培养德智体美劳全面发展的人。

质量目标即学科课程的目标定位。我校课程的开设遵循学生身心发展的特点，注重选择贴近初中生身心发展实际需求的相关要素，注重基础知识、基本技能的培养和情感态度价值观的树立，最终实现"五育并举"、全面发展的终极目标。

质量结构即学科课程的整体框架。"大爱于心，致真于行"，是五十中学西校的校训，也是办学理念。基于此，明确五十中学西校的教育哲学为大爱教育。由此确定了课程模式："LOVE"课程。新体艺"L"——Lively sports and arts "充满活力的体育与艺术课程"，篮球、足球、羽毛球、三棋、健美操、乒乓球、美术、舞蹈、戏曲等；大科学"O"——Open and creative science education "开放的有创造力的科学思维培养课程"，科学普及、科技创新等。全拓展"V"——Various all round development "形式多样的促进学生各学科全面发展的课程"，天文、历史、写作、数学、英语、物理、化学等。微德育"E"——Effective moral education "有效的情感与道德培养课程"，包括微节日、微平台、微网络、微公益、微安全、微共享等。

质量内核即学科课程的内容布局。五十中学西校课程布局的主要特点是本土化、科学化、创新化、立体化。在学科课程的研发、实施过程中，合理地建构各学科课程资源，形成资源开发主体、条件、途径等各方面的有机整合，力求达到体现时代发展的多元化。使学科的教育内容有助于学生主体性活动，注重知识之间的联系，谋求师生的共同发展，软化学科之间的界限，加强学科之间的有效联系，从而实现学科课程的终极价值——为了每个学生的终身发展而奠基。

质量获致即学科课程的实施途径。五十中学西校"大爱"课程主要通过课堂学习、社团学习、场馆学习、赛事学习、行走学习、整合学习等多种途径实施开展。同时围绕"爱真理、求真知、做真人"的课程总目标将多学科内容进行整合，开展学科整合课程、个性化的活动体验课程和生命成长课程，实现学科内、学科之间、学科与生活、学科方式的整合，让学习变得完整而有意义。

质量评估即学科课程的多元评价。五十中学西校学科课程评价体现在标准的规范化、评价主体的多元化、评价角度的多维化、评价方式的多样化等方面。在课程实施方面，我们以基于核心素养的学业质量标准改善了课堂教师的教与学生的学，引导教师由关注学科知识教学、考试教学转向全面关注学科能力教学、学生发展素养教学。在课程的实施中，更加注重多元评价的方式，所有教师和学生都积极参与进来，及时反思，不断调整和完善校本课程体系，真正使课程成为促进学校、教师和学生发展的载体。

质量监控即学科课程的管理变革。五十中学西校主要从以下四个方面入手：价值引领：确立课程价值追求；组织建设：促进课程目标实现；专业发展：促进课程有效实施；制度建构：保证课程有序推进。我们建立一个高效的学校课程管理的组织机构，成立了由集团总校长为第一领导、学科组长为核心成员、全体教师参与的学校课程研发中心。同时与上海普教所深度合作，开展了"LOVE"课程群建设，并已初步形成规模。另外，我们还制定了学科课程管理制度。包括课程开发制度、评价与激励制度、学生管理制度等，以此为保障，促进课程有效实施。

总之，五十中学西校的特色课程建设，既有基础课程的专属特色，也有很好地回应时代需要的"五育并举"的培养目标，立足培育学生发展的核心素养，聆听学科专家的建议，制定适切的育人目标，整体统筹各级各类课程，建设有机、一体化的学校课程，尤其科学合理地处理"课程数量"与"育人价值"的关系，全员育人、全面育人、全程育人、全科育人、全息育人，实现"一切课程都是为了育人质量"的总目标。

（撰稿者：胡志杰　吴玲玲）

第一章

质量内涵：
学科课程的价值追求

随着时代的发展，我国基础教育正在开启一个全新的质量时代，提高育人质量成为课程育人的使命。学科课程是育人质量的核心载体，其价值追求具有根本性指导意义，是课程的灵魂与核心。

《现代汉语词典》中对"质量"的解释是：产品或工作的优劣程度。① 它强调对某一对象实体的硬指标的评判，更多地着眼于事物本身的实际状态。教学质量是指学校教育和教师教学工作效果的优劣程度。它旨在培养德智体美劳全面发展的人。教育教学质量是学校的生命线。质量内涵引领着课程的方向，决定了课程的结果。学科课程群的建设让我们将教学的内容从课内延伸到课外，课程的理念由课标出发拓展到更深更广的领域。探讨课程群质量内涵即学科课程的价值追求很有必要。五十中学西校学科课程的价值追求有以下几个方面。

责任担当（Liberal sense of obligation）是指学生在处理自己与他人及社会等关系方面所形成的价值取向和行为方式。在五十中学西校的办学历史上，始终弘扬爱的教育理念，教会学生学会爱，爱自己，爱家人，爱同伴，爱生活，爱国家。"爱"是教育活动中最重要的要素，爱是教育的灵魂，没有爱就没有教育，也就更没有健康生活。如五十中学西校的"温暖语文"的课程理念是用温度铸就情感，以温暖浸润心灵。引导学生在品味感受语言文字的前提下，准确地感受和表达内心的情感，并能够激发孩子们心中的善良，给予别人温暖，引导学生在语言文字的广阔天地中发现温暖，感受温暖，成为温暖的人。

科学精神（Scientific spirit）是学生在长期的科学实践活动中所形成的价值标准和思维方式。具体包括求实、探索、实践等基本要点。"求真"一直是五十中学西校的优良传统，以求真的教育培养真人是我们一直追求的目标。求真是科学精神的体现。学校在传播科学知识的过程中，要以符合"真理"为最高准则。师生在知识学习、学术研究等方面尊重真理，以真理为最高权威，发扬"吾爱吾师，吾更爱真理"的精神。陶行知先生关于教育，提出"千教万教教人求真，千学万学学做真人"。"求真"的真是真实和真理，"真人"指具有真情感和真知识的人。② "求真"是做"真人"的前提。陶行知说："追求真理做真人，不可丝毫懈怠。""真"体现在人才培养上，倡导师生共同做"真人"，保持本真的状态，保持知识人的本色，追求自由的思想

---

① 中国社会科学院语言研究所词典编辑室. 现代汉语词典（第7版）[M]. 北京：商务印书馆，2016.
② 周志平. 求真树人：陶行知"真"教育思想内涵与启示 [J]. 福建教育，2020 (20).

和独立的人格。如五十中学西校"求真物理"的课程理念在于培养"求真"态度和"大爱"精神。"求真物理"让学生尊重事实、探索真理，逐步形成尊重事实、实事求是地探索真理的科学态度，让学生乐于参与科学探究活动，勇于求真，了解世界的本质，掌握真知识。

学会学习（Varied learning capacity）不仅指学生掌握学习知识的技能和方法，更要在学习中提高学习品质，发展身心。任何学科任何课程都要教孩子们掌握真知识，教他们学习方法，学会学习。五十中学西校的"求真"理念中要求，将孩子们培养成为一个个具有真感情和真知识的真君子。

人文底蕴（Elevating moral education）是学生在学习人文领域知识和技能等方面所形成的人文意识和文化素养。具体包括人文积淀、人文情怀和审美情趣等基本要点。五十中学西校致力于"爱"的教育，弘扬爱的理念。在学习中形成正确的价值取向和健康的审美情趣，为孩子今后的人生保驾护航。

五十中学西校学科课程的价值追求旨在培养有责任担当，有科学精神，有人文底蕴，有学习能力，"大爱于心，致真于行"的新时代社会主义事业接班人。

（撰稿者：胡志杰　唐彤彤）

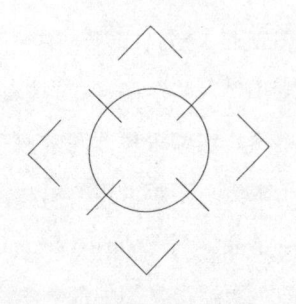

温暖语文：以温润的语言滋养心灵

五十中学西校语文组，现有专职语文教师41人，其中合肥市骨干教师5人，学科带头人1人，蜀山区骨干教师5人，蜀山区最美教师3人，连续6年参与"钱学森班"授课培训教师1人，获得国家级"课程整合"大赛奖不少于5人，省级优质课大赛二等奖以上获得者不少于3人，中学语文高级教师9人，一级教师30人，所有教师均达到本科学历及以上。我们依据教育部《关于全面深化课程改革落实立德树人根本任务的意见》《义务教育语文课程标准（2011年版）》等文件精神，推进五十中西校语文学科课程建设，取得了可喜的成效。

第一部分 学科课程哲学

一、学科性质观和价值观

《义务教育语文课程标准（2011年版）》明确指出："语文课程应致力于学生语文素养的形成与发展。语文素养是学生学好其他课程的基础，也是学生全面发展和终身发展的基础。"[1] 这就阐明了语文素养的重要性。语文学科，是工具性和人文性的统一。"工具性"着眼于培养学生运用能力的实用功

---

[1] 中华人民共和国教育部. 义务教育语文课程标准（2011年版）[S]. 北京：北京师范大学出版社，2012.

能和课程的实践性特点；而"人文性"着重于对学生思想感情熏陶感染的文化功能和课程所具有的人文学科特点。关于两者的关系，新课标中运用的是"统一"而非"结合"。这是因为工具性是人文性的载体，人文性又是工具性的灵魂，二者统一，方能放出异彩。

随着时代的变迁，社会的发展，知识信息量激增。学生对于语文知识的掌握也越来越广泛，这无形中增加了语文教师的授课难度。不是只停留在课文的讲授中，而是想方设法提高语文课堂教学的实效，不但要就语文教语文，还要跳出语文教语文，让学生真正学会语文，增强在生活中运用语文的能力。因此，作为语文教师，理应摒弃模式化、程序化的课堂，在教学中适当根据教材中蕴藏的丰富资源，挖掘教材中的有利因素来设计教学过程，激发学生的学习兴趣，燃旺学生的求知之火，将僵化的思维和沉闷的气氛驱逐，让语文课堂教学更有温度。模式是机械的，程序是冰冷的，有温度的语文课堂应教会学生用细微的触角去感知世界，让学生的情感得以激发和升华。

二、学科课程理念

用温度铸就情感，用情感增加体验。温暖的语文课堂应立足于让学生在积极的语言实践活动中积累与构建，并在真实的语言运用情境中增强语言能力及其品质；在语文学习中获得语言知识与语言能力、思维方法与思维品质，情感、态度与价值观的整体提升，形成"语言建构与运用""思维发展与提升""审美鉴赏与创造""文化传承与理解"四个方面的语文核心素养，集中体现学科育人价值。

（一）"温暖语文"是情感导向的

全面提高学生的语文素养，是基本理念之一，这是语文课程的目的。全面，一则是必须面向全体学生，实现为了每一个学生的发展；一则是必须面向学生的整体，创造出适合学生的教育。语文素养，应该是一个内涵深厚、外延宽广的语文课程概念，既包含以语感为中心的听说读写的言语实践能力，更囊括学生的品德修养、审美情趣、良好个性和人生态度。由此看来，语文素养具有综合性和实践性的特点，强调的是人的发展、人的和谐发展，这就明确定位"温暖语文"课程的目的，就是要致力于学生情感和价值观的积极导向作用，学语文、学会做人，学语文、学会生活；注重对学生在情感态度等方面的熏陶感染作用，促进学生语文素养的形成与发展。

（二）"温暖语文"是开放生成的

语文学科具有极强的综合实践性，"温暖语文"应走进课本，走出课本，举一反三，重在积累，重在运用，而习得整体性、生活性的能力，培养语感和整体把握的能力。汉字、汉语自身规律的把握突出体现在重视积累和对文章的总体感知，应淡化分析性操作，加强对诵读积累、感悟、熏陶的要求，避免繁琐的分析和机械重复的练习。

"温暖语文"应积极倡导自主、合作、探究的学习方式。学生才是教学的主体、学习的主人，帮助每一个学生进行有效的学习才是"温暖语文"教学的目的，其核心要素是培养发挥学生学习的主动性、积极性，充分体现学生的认知主体作用，其着眼点是如何帮助学生学语文。

学生是鲜活的发展着的生命体，"温暖语文"课程理应以关注生命体发展为核心，开发出植根现实与生活，面向世界与未来的课程内容，拓宽语文学习和运用的领域；为学生学习而设计，为学生发展而教学，形成灵活开放与生成发展的课堂运行机制，成就学生语文实践能力和创新精神。

（三）"温暖语文"是富有美感的

学者陈平原在《语文之美与教育之责》一文中说："'母语教育'不仅仅是读书识字，还牵涉知识、思维、审美、文化立场等。"[1] 他说："学习本国语言与文学，应该是很美妙的享受！"语文教师都要懂得"语文之美"，如果语文教师都能带着学生们，发现表面上看似平淡无奇的字里行间所蕴含着的"汉语之美""文章之美""人性之美""大自然之美"，那么"语文之美"就在其中。语文教师更要懂得"语文之责"——不仅是读书识字，还在于"引领思维、审美、文化立场"。

（四）"温暖语文"是尊重差异的

长期以来，语文评价存在着轻视过程而注重结果，轻视个性注重统一，轻视发展注重眼前等诸多问题，虽然这种评价模式对学生应试可产生短期作用，但是忽略了对学生语文学习中存在问题的关注，只是反映结

---

[1] 陈平原. 六说文学教育[M]. 北京：东方出版社，2016.

果，让学生看后根本找不到改进策略，一定程度上限制了评价诊断功能的发挥。语文教育的特点之一是语文学科的人文性和学生对语文材料反应的多元性。人文性揭示出语文教育对学生对语文材料反应的多元性，揭示出语文学习极具个性化的特征。"温暖语文"要改变僵化呆板，要求丝丝入扣的出题、答题直至评价的模式，把学生从在阅读和表达时刻意迎合套路、"戴着镣铐跳舞"的机械式思考、套路式表达中逐步解放出来。尊重学生个性感受和独特体验，鼓励发表富有个性的见解，以形成良好的个性，激活其创造力。

第二部分 学科课程目标

《义务教育语文课程标准（2011年版）》提出，语文课程致力于培养学生的语言文字运用能力，能具体明确、文从字顺地表述自己的意思。在初步理解、鉴赏文学作品的基础上发展个性，形成健全的人格。鼓励学生关心当代文化生活，尊重多样化文化，继承和弘扬中华民族文化传统，增强民族文化认同感、民族文化自信感，增强民族凝聚力和创造力，培养孩子爱国情感。在学习语文过程中收获知识、提高文化品位、审美情趣、提升素养。五十中西校在语文课程的设置中结合"大爱于心、致真于行"的校训，努力把孩子培养成为知识有广度、修养有高度、对祖国情感有热度、能温暖他人的"温暖"的中学生，做心中有爱的真人。结合课程标准和学生实情，我校制定了符合校情的学科课程目标。

一、学科课程总体目标

根据《义务教育语文课程标准（2011年版）》，课程目标紧抓知识与能力、过程与方法、情感态度与价值观三个维度来设计，三者相互渗透，融为一体。结合学校实情，我校从"温暖阅读""温暖习作""温暖表达""温暖探究"四个方向进行课程构建，从而形成"温暖语文"课程群。在语文学科丰富内容的浸润下，让孩子在丰富多彩的学习中充分体验、感悟、积淀，不断提升学生的语文素养和人文素养，为孩子的全面发展和终身学习打下坚实的基础。

（一）"温暖阅读"——阅读目标

引导孩子运用多种方法，通过阅读各种文体的经典作品，让孩子有较丰富的积累和良好的语感，注重情感体验，发展感受和理解能力。能阅读现代文、浅显文言文，能阅读杂志，初步鉴赏各种体裁的文学作品。

（二）"温暖习作"——写作目标

培养孩子对汉字浓厚的兴趣，能正确规范地书写汉字，同时要培养他们正确、健康、高尚的审美观，同时在大量积累的基础上引导孩子们深入生活、观察生活，准确捕捉生活中的人、事、物、景的美之所在，以及自己对这些美的感受并诉诸笔端，去发现并传递生活中的真善美，让他们易于选材、乐于写作，从而不断增强孩子的写作能力。

（三）"温暖表达"——说话目标

教师通过设计一些有特色的活动创造轻松愉快的氛围，通过自己的言行表情传递给孩子亲切、鼓励、信任、尊重的情感信息，使孩子敢于大胆开口表达，锻炼他们的反应能力和口语表达能力，培养他们具有文明、和谐的人际交往素养，能思路清晰、口齿清楚地表明自己的观点，针锋相对地驳斥对方观点，引导他们谈话时，注意对象、场合，说话得体，使他们言之有物、言之有理、言之有序。

（四）"温暖探究"——综合性学习目标

通过有特色而又丰富多样的、孩子们喜闻乐见的形式，把书本知识和生活实践紧密结合，引导他们认识自我、观察自然、了解社会，关注本地区和国内外大事、关注热点问题，培养他们自主探究、共同协作、综合运用知识的能力。

二、学科课程年段目标

依据《义务教育语文课程标准（2011年版）》中阐述的总体目标要求，结合本校语文学科七、八、九年级的教材和教参，我们设置了不同学段的年级目标。这里，我们以七年级为例，阐述学科课程年段目标。（见表1-1-1）

表 1-1-1　合肥市五十中学西校"温暖语文"课程年级目标

学段		上学期		下学期
七年级	第一单元	1. 借鉴课文的选材和写法，探究比较各种写景抒情的手法； 2. 在理解课文的基础上更好地进行朗读； 3. 在读的基础上，通过仿句学习使用多种修辞方法。	第一单元	1. 讲述名人故事，掌握传记的常识； 2. 在通读篇目的基础上，揣摩关键语句的含义，体会表达的妙处以掌握精读的方法； 3. 积累文言常见词语。
	第二单元	1. 继续加强朗读训练，关注重音、停连和节奏； 2. 培养学生朗读文言文的语感，在理解内容的基础之上，体悟思想感情的表达； 3. 锻炼查阅、搜集、筛选信息的能力。	第二单元	1. 普及中国当代国情，联系课文培养学生爱祖国、爱语言、爱文化的情感； 2. 体会汉语言丰富、优美的表现力； 3. 把握古代英雄的形象。
	第三单元	1. 锻炼默读的速度，以达到每分钟400字以上； 2. 培养学生利用阅读提示和工具书来完成对文章内容的把握； 3. 由课内文言迁移到课外经典的持续阅读。	第三单元	1. 从标题、主要事件、线索串联等方面把握文章重点； 2. 体会"小人物"虽然平凡且有弱点，但往往又具有优秀的品格，引导学生成为正直善良、务实进取的人。
	第四单元	1. 积累字词，提高汉字书写能力，能初步地欣赏书法作品； 2. 能够区别描写、记叙、议论和抒情四种表达方式，体会其不同的效果； 3. 学习思路清晰地写作，能够列举素材、明确中心，串联内容。	第四单元	1. 学习略读，确定阅读重点后，其他部分快速阅读； 2. 对文章内容和表达有自己的心得； 3. 理解"说"和"铭"的文言文体裁，学习托物言志的手法，积累文言常见实词和虚词。
	第五单元	1. 提高默读速度，感受议论句、抒情句对表达文章中心的作用； 2. 对作品中的故事情节和人物形象有自己的理解，并能联系生活泛谈体验； 3. 了解重要作家作品和文化常识。	第五单元	1. 学习托物言志的手法； 2. 学习用生动的语言绘景状物，表达自己的思想情感，乃至抒发对社会人生的思考； 3. 运用比较阅读的方法，拓宽视野、加深理解。
	第六单元	1. 学习快速阅读，学会判断内容主次； 2. 体会课文的想象世界，深入理解课文； 3. 从文体认知的角度，了解童话、神话、寓言的特点，把握正确的解读方法。	第六单元	1. 了解科幻作品的特点； 2. 掌握浏览法，快速通览段落，提取主要内容； 3. 针对作品内容有所思考并质疑； 4. 积累文言词语。

第三部分　学科课程框架

为了实现上述课程目标，我校从两方面来建构学校的语文课程框架，首先依据《义务教育语文课程标准（2011年版）》及学校校情来构建学科课程结构，再根据年级高低进一步构建学科课程设置表。具体内容如下。

一、学科课程结构

依据《义务教育语文课程标准（2011年版）》中的"阅读""写作""口语交际""综合性学习"四个方面的内容与要求，并结合五十中学西校课程理念，以及语文学科课程理念，我们以国家课程为基础，从"温暖阅读""温暖习作""温暖表达""温暖探究"四个方向进行自我建构，从而形成语文学科的"温暖语文"课程群。（如图1-1-1）

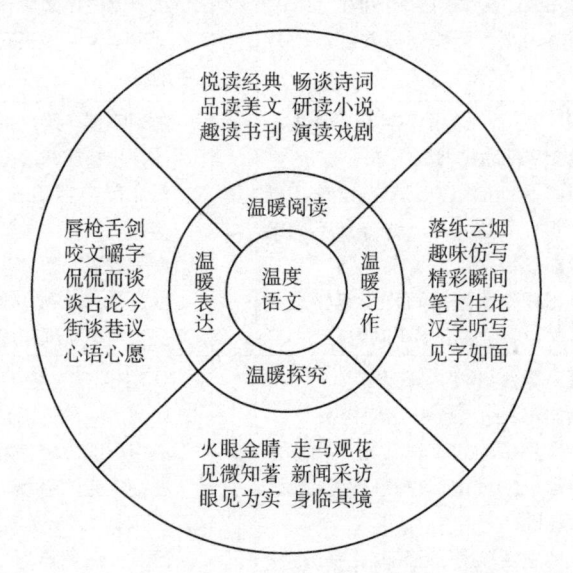

图1-1-1　合肥市五十中学西校"温暖语文"课程结构图

上图中，各板块课程具体表述如下：

1. "温暖阅读"主要指向学生阅读量的积累和阅读力的增强，通过各种阅读课程，增强学生独立阅读的能力和兴趣，学会运用多种阅读方法，丰富语言积累，培养感受理解文学作品的能力。

2. "温暖习作"主要着眼于写作能力的培养，根据学段梯度和学生的学情，方法指导层层深入，不断增强学生的写作能力，以我手写我心，传达自己的真情实感。通过丰富多彩的写作课程，吸引和指导学生写作，鼓励学生关注现实，观察生活，体验实践，进行自由和有创意的表达，从而提高写作兴趣，增强自信心。

3. "温暖表达"主要针对学生的口语交际能力的训练和增强，不仅关注学生的口头表达能力，也关注师生之间的交流和互动，增强参与能力和思辨能力。让学生在品味文学作品中富有表现力的语言浸润美好情感，感悟深邃思想，积累多彩文学语言，做真正有情怀的中学生。

4. "温暖探究"针对学生真实的生活，从身边出发，从点滴入手，通过课程中设置的一些活动，培养学生综合运用语文知识的能力，对学生的听、说、读、写能力进行整合，使书本知识和生活实践紧密地结合起来。培养学生多角度地观察生活，发现生活的丰富多彩，抓住事物的特征，有自己的感受和认识的能力。

二、学科课程设置

在"温暖语文"学科理念的指引下，学校积极推进语文课程建设和实施，除了基础类课程之外，依据校情、师情和生情，多元开发拓展类课程，横向按照学科内容、纵向按照年级高低，形成了符合学校实情的"温暖语文"课程设置。（见表1-1-2）

表1-1-2 合肥市五十中学西校"温暖语文"课程设置表

内容 年级	温暖表达	温暖阅读	温暖习作	温暖探究
七年级上学期	唇枪舌剑	悦读经典	落纸云烟	火眼金睛
七年级下学期	咬文嚼字	品读美文	趣味仿写	见微知著
八年级上学期	侃侃而谈	趣读书刊	精彩瞬间	眼见如实
八年级下学期	谈古论今	畅谈诗词	笔下生花	走马观花
九年级上学期	街谈巷议	研读小说	汉字听写	新闻采访
九年级下学期	心语心愿	演读戏剧	见字如面	身临其境

"温暖语文"拓展类课程的设置,做到了关注大多数学生,坚持学习空间的多元化、学习时间的立体化,依据学生的年龄特点,心理发展水平设置科学的、系统的课程类目,坚持真实的参与、真切的体验,让语文学习来源生活,回归生活,让语文学习真正成为各门学科学习的基础科目。

第四部分 学科课程实施与评价

依据《义务教育语文课程标准(2011年版)》中"努力建设开放而有活力的课程"。[①] 我们语文学科组构想了回归语文温暖和本真的新理念,引导学生在感受品味语言文字的前提下,准确地感受和表达内心的情感,并能够激发孩子们心中的善良,给予别人温暖,据此提出"温暖语文"。为充分体现"温暖语文"以"温暖"为核心的课程理念,语文学科从打造"温暖课堂"、创建"温暖社团"、创设"温暖语文节"和开展"温暖语文"实践活动四个方面推进"温暖语文"深度实施,从"温暖表达""温暖阅读""温暖习作""温暖探究"四部分内容出发,引导学生在语言文字的广阔天地中发现温暖、感受温暖,成为温暖的人。

一、打造"温暖课堂",探索语文学习新方式

教学活动的本质是一种特殊的交往实践过程。"温暖课堂"的核心理念:以品味感悟语言文字的魅力为基础,以有效地运用汉语为目标,以培养孩子们感受温暖、给予温暖的能力为归宿的课堂。语文课堂不仅教授基本的学科知识,也培养孩子们感受温暖、给予别人温暖的能力。这是一种更高层次的要求。因此,我们特提出"温暖课堂"的概念。

(一)"温暖课堂"的实践与操作

课堂,是教学的主阵地。无论是让学生感受温暖还是学会给予别人温暖,都要从教学入手,为学生能力的培养保驾护航。"温暖课堂"很好地整合了单篇课文、单元目标,对丰富的课程资源进行再选择、再组合、再创造,

---

① 教育部. 义务教育语文课程标准(2011年版)[M]. 北京:北京师范大学出版社,2012.

分别设置了以下学习目标：温暖表达——说话目标，温暖阅读——阅读目标，温暖习作——写作目标，温暖探究——综合性学习目标。

1. 集体备课，展现力量。备课时在教研组长的带领下，以教研组为单位进行集体备课，集思广益，发挥智慧。首先确定每节课的目标与重难点；再选择合适的内容，充分利用多种资源，以"温暖课堂"为中心，每个老师积极参与；最后，打造出不同主题、不同形式的语文课堂。围绕"温暖表达""温暖阅读""温暖习作""温暖探究"四部分内容进行。充分预设课堂可能发生的情况，并能对每一种情况和结果进行评估，以期达到最佳的效果。所确定的目标与内容，一定是可以经过一系列学习以后可以达到的切实目标与内容。

2. 改变形式，百花齐放。"温暖课堂"的教学活动是一种多维互动的交流活动，它追求的是师生共同探究学习，围绕作者的情感、编者的意图、教师的引导、学生的感悟四者之间的碰撞以及融合，最终寻找到共鸣。所以它拒绝呆板应试的教法，而是把文本当作是一个个独立的个体进行交流，这就要求我们教师进行教学方式的转变，课堂形式的多样化，甚至是不同教师的理解。如"微课堂""翻转课堂""学生课堂""校外课堂""同课异构"等多种形式进行尝试，选择出最恰当的教学方式。

3. 利用媒介，提高兴趣。布置预习时，让学生可使用网络等媒介进行相关知识的了解，丰富学生的知识储备，也可以使学生参与到教学中来，而不仅仅是知识的接受者，更可以成为寻求者。课堂上教师也可以使用相关的教学媒介使学生更具体直观地感受知识，提高效率，增加趣味。值得注意的是，教学媒介只是辅助，真正让学生走进文本还是靠对文字的理解与体悟，要恰当地使用新媒介。

4. 潜移默化，感受温暖。"温暖课堂"的抓手应该是在了解作者的情况下知人论世，通过对文本的解读与深入感悟其情。教师集体备课时教学目标的制定与分解也是至关重要的。注重文本意蕴内涵，通过联系生活实际，激发学生的情感共鸣，感悟语言文字的魅力以及其中的温度。在课堂中用文字浸润学生的心灵，不仅能感受文字的温度，也要学会用文字表达温暖，让更多的人体悟文字的温度，成为温暖的人。

（二）"温暖课堂"的评价方式

根据"温暖课堂"的核心理念，学校从教学目标、教学内容、教学策

略、教学过程、教学效果五个方面，制定"温暖课堂"评价标准，促进教师的专业发展，引领课堂发展方向。（见表1-1-3）

表1-1-3 合肥市五十中学西校"温暖课堂"评价细则表

评价项目	评价内容	分值	得分
教学目标	目标清晰，能够把握重难点，具有很强的可操作性	5分	
	能够完成目标，符合学生生活实际	5分	
教学内容	安排合理，难易适中，内容有启发性	5分	
	条理清晰，内容充实，贴近生活	5分	
教学策略	能创造性地设计问题，启发引导学生	5分	
	教学方法灵活多变，恰当使用新媒介，能应对课堂不同情况，具有教学机智	5分	
教学过程	恰到好处地引导学生进行积极思考	10分	
	科学性训练，拓展学生思维	10分	
	尊重学生个体体验，引导学生进行深入思考	10分	
	课堂气氛热烈，讨论积极，学生参与度高	10分	
	有效利用媒体，创设情境，使用有效的方法，拓宽学生学会学习的途径	10分	
教学效果	教学目标有效达成	5分	
	课堂气氛活跃，学生参与积极，个性得到展示和发展	5分	
	学生有所得，课堂有延伸	10分	

二、创建"温暖社团"，展现语文学科魅力

"温暖社团"是以主题形式开展的社团。五十中学西校语文学科以创办语文类相关社团为途径，满足学生个人发展需求，表现个性、展露风采。"温暖社团"立足课内，延伸至课外，力图让学生在课内外养成良好习惯，在社团活动中体悟语文温暖。

在现有的语文师资力量基础上，我们已开设"儒家经典文化阅读""微讲堂""辩论赛""爱国主义教育周""普通话推广周""书画人生""我手写我心"等语文类相关社团活动，让学生在活动中得到拓展提高。所有社团是由学生依据兴趣爱好自愿选择形成，按照学校章程由教师组织开展活动，是开

展学习活动、提高文化水平、增强文化自信的重要途径。

（一）"温暖社团"的实践与操作

"温暖社团"的实施方法：通过人员固定、定目标、定计划、定内容、定老师、定活动时间、定地点等方式，充分利用学校内的教室资源，灵活选用活动地点开展语文社团活动。（见表1-1-4）

表1-1-4　合肥市五十中学西校"温暖社团"设置表

社团名称	社团培训课程目标	课程内容
儒家经典文化诵读社团	学生接受传统儒家经典的文化熏陶，从而提高学校的书香文化气息，丰富学生的心灵。	儒家经典诵读、分角色诵读、师生诵读、家庭诵读、合作诵读。
微讲堂	培养学生就某一论题的演讲能力。	结合学校的爱国者主义教育、时事教育，增强表达能力。
普通话推广社团	增强语言表达能力，便于沟通交流。	进行小组活动，推广周活动。
书画人生社团	无声画，也是诗歌。借助书画社团，营造文化氛围。	在校内廊道，布置书画作品展示。
我手写我心社团	写作，使理解更深入。	佳作欣赏，美文传阅。

（二）"温暖社团"的评价

"温暖社团"的评价，采用各种方式：学生自评、教师评价、家长评价。特别是与学校各种课程活动结合起来，以现行的各种在线方式评价。为保证社团出成绩、上水平，真正成为学校每一个人共同的社团。特制定相应的活动评价标准，主要从出勤情况、活动过程、活动效果、特色创新等维度进行评价。（见表1-1-5）

表1-1-5　合肥市五十中学西校"温暖社团"活动评价表

评价项目	分值	评价标准	教师评分
出勤情况	20分	实行签到制度，按时参加社团活动，不迟到，不早退。	
活动过程	20分	目标明确，活动主题积极健康，内容丰富，形式生动，组织条理，过程有序开展，学生满意度高。	
	20分	社员参与热情，气氛热烈，能充分发展自我特长，团结协作，在互动中提升自己的素养。	

评价项目	分值	评价标准	教师评分
活动效果	20分	能达成预期目标，形成自己的学习成果，积极参与社团成果展示交流。	
特色创新	20分	成果作品有特色、有创新、有亮点。	
总体评价	采用总分等级制，分为A、B、C、D。		

三、创设"温暖语文节"，打造语文体验学习平台

《义务教育语文课程标准（2011年版）》明确指出，语文课程应"引导学生丰富语言积累，培养语感，发展思维"，[①] 正确运用祖国语言文字。语文课程还应"通过优秀文化的熏陶感染，促进学生和谐发展"。识字与写字能力、口语交际能力、实践能力、阅读能力、写作能力等是学生必备的素质。真正能提高学生的语文素养的做法，是使学生回归生活大课堂，开展丰富多样的语文活动，多元化、多方位地提高学生的语文素养。

为此，在每个学期的适当时间段，学校都会创设"温暖语文节"，给学生构建品味"温暖语文"、体验"温暖语文"、表达"温暖语文"的自我展示平台，让学生在品味中更好地学习，在体验中获得成长，在表达中得到提升，真正体会到学习语文、运用语文的乐趣。活动内容涵盖听说读写演各个方面，活动设计为"汉字书写""温暖阅读""温暖习作""温暖探究"四大板块。下面对这四大板块作具体的阐释。

（一）"汉字书写"活动设计

我校充分利用校园广播或者通过语文教师进行动员，从汉字的产生及发展、汉字之美、汉字故事等方面激发学生热爱祖国语言文字的热情。具体活动内容如下：

1. 汉字纠错。生活中，稍加留意，就可以发现一些广告、杂志、商店招牌甚至电视字幕常出现错别字，语文教师可以引导学生寻找错别字，改正错别字。

---

① 教育部. 义务教育语文课程标准（2011年版）[M]. 北京：北京师范大学出版社，2012.

2. 硬笔书法比赛。学校推选专业的书法老师，和语文老师合作，对学生进行指导。硬笔书法比赛由各班级推选优秀选手参加，每个班级推选两名选手，学校组织选手参赛，书法老师及语文老师打分评选出优胜者，学校进行表彰。

3. 汉字书写大赛。比赛分初赛和复赛两个阶段，初赛以班级为单位，力求学生全员参与。选拔优秀选手参加复赛。

书写要求：比赛一律使用黑色钢笔或水笔，由学生自行准备；比赛用学校统一准备的A4纸，每生一张，不予更换；作品字体为正楷，书写内容准确，整洁端正，字体规范，有一定的速度；禁止使用涂改液、修正带或者透明胶带等。

比赛内容：比赛分默写和摹写两个部分。默写内容可以设计为社会主义核心价值观、合肥城市名片、志愿者精神等。摹写内容可以设计为初中阶段所学课本范围内的经典诗词、文章片段。具体内容由语文组老师统一安排。

学校设立考评组，制定比赛评分细则，各考评人员打分后计平均分，选出优胜者，排出特等奖、一等奖、二等奖的名单，由学校领导给获奖者颁奖。

（二）"温暖阅读"活动设计

1. 每学期确定一个主题。示例：书香诗韵塑造心灵；品读经典，传承文明；共沐经典，快乐语文等。

2. 利用晨练时段全体师生聚集操场的机会，开展"我与经典有个约会"的开幕式。语文老师集体确定并公布本学期各年级课外阅读推荐书目，打印并张贴在班级图书角。在校园和班级宣传栏张贴宣传口号。示例：做个快乐的读书人；腹有诗书气自华；悦读经典，快乐成长等。

3. 广播室开设语文教师朗读者栏目，由语文教师轮流主播，内容自定，时间控制在五分钟以内。语文老师引导学生阅读，制订阅读计划，要求学生养成每天阅读的好习惯。每周开设一节阅读课，由语文老师与图书管理员预约确定时间，语文老师带领全班学生进入图书馆进行有目标的阅读。课余时间相聚共享书吧，人人争当小书虫，根据自己的兴致进行广泛的阅读。各语文老师根据班级实际情况，定期开展读书心得交流会、好书推荐会等活动，使读书活动落到实处。以班级为单位进行赛前准备，语文老师或者专业朗读者对参赛学生进行朗读指导，学生自己组织排练，可以设计肢体动作以及音乐伴奏或者伴舞，使用相关的道具。

语文组以年级为单位组织比赛事宜，制定比赛规则及评分标准，并组成评审组对学生进行考评，排出特等奖、一等奖、二等奖的名单，由学校领导给获奖者颁奖。

评分标准示例：普通话规范，节奏把握准确，声音洪亮；诵读熟练，语调把握较好，内容不出错；感情真挚，声情并茂，富有韵味和感染力；精神饱满，姿态大方，服装得体；有音乐伴奏、伴舞、使用道具，情境动作设计赏心悦目的加分。

（三）"温暖习作"活动设计

1. 以班级为单位参与初选，各班选拔出 2—3 名优秀选手参加由学校举行的复赛。语文组教研组长组织各备课组长，共同设置确定作文题目。语文组全体成员及专职写作人员参与制定评分细则和奖励办法。教研组长指定优秀教师及专职写作人员组成评审组，参与考评。指定时间地点，复赛学生现场作文比赛。评审组进行考评。专职写作人员作报告，分享自己的写作心得，对学生进行写作上的指导并给优胜者颁奖。

2. 使用学校统一准备的作文纸书写，字迹力求清楚，卷面力求整洁。紧扣主题，立意准确，内容具体，思想健康。抒发真情实感，严禁抄袭。要正确使用标点符号，尽量不写错别字。构思新颖，立意深刻，表达生动的作品加创新分。

3. 语文组教师对各班级参赛作文中进行集体评阅，筛选出优秀选手参加复赛。每份作文应由两位教师独立评阅，取平均分，若两人评分差距大于 7 分，则由备课组长仲裁打分。复赛作文由评审组评分筛选，产生优胜者。有争议的作品，集体商量裁定。

（四）"温暖探究"活动设计

1. 学校内张贴标语或者海报广泛开展宣传工作。班主任及语文教师对学生进行宣传，动员学生积极参加。在全校范围内征集辩题。各班级组团，开展班级团体联合会，讨论辩论事宜。

2. 语文组全体成员参与制定比赛的流程，评分细则。学校邀请专业人士对教研组长、备课组长进行评议指导，由专家及教研组长、备课组长组成评审团。

3. 语文老师在各自班级组织学生开展辩论赛，进行初选，胜出的团队参加年级组举行的半决赛。年级组举行半决赛，比赛胜出的团队参加由学校组织的决赛。学校举行决赛，评审团打分评议。邀请的专家开设讲座，对学生辩论赛相关事宜进行专业指导。最后给优胜者颁奖。

"温暖语文节"在各项活动成果的展示中落下帷幕。可以参展的有硬笔书法优秀作品、现场作文比赛优秀作品、师生风采照片，等等。

以上活动形式多样，引人入胜，迎合学生好奇的心理，调动和激发了学生的参与意识，让学生有满足感、成就感，能促进并增强学生的自信心，切实增强学生的各项语文能力，从而切实提升学生的语文素养。教师和学生通过课程都有收获和提高，树立了正确的情感态度与价值观，切实体验到"温暖语文"的魅力。

四、推动"温暖实践"，拓宽语文学习空间

《义务教育语文课程标准（2011年版）》指出：语文是实践性很强的课程，应着重培养学生的语文实践能力。因此，我们不能只满足于课堂教学，更应关注学生的实际生活，引导学生到生活中去发现、去探索，增强学生的语文实践意识。"温暖语文"实践活动是与语文课堂教学互补的一种学习方式，是丰富学生实际生活、弥补学校教学不足的一种学习活动。

学校开设的"新闻采访""街谈巷议""火眼金睛""演读戏剧"等多个语文实践活动，让学生走进生活，感受语文的魅力，体验成功的喜悦。

（一）"温暖实践"的实施与操作

1. 结合社会生活，开展"温暖实践"。我们尝试进行了"街谈巷议""火眼金睛"等活动，让学生在各种公共场所查找不规范字，从而消除自己写作中的错别字。

2. 结合其他学科生活，开展"温暖实践"。语文实践活动课是丰富多彩、包罗万象的，其教学内容常常涉及历史、地理、艺术等多个学科。因此，"书苑漫步""演读戏剧""常听名家"等活动，有效地把语文学科和各学科结合起来，实现了学科的大融合。

3. 结合家庭生活，开展"温暖实践"。家庭是孩子成长的摇篮，父母是

孩子的启蒙老师，家庭生活对孩子的学习至关重要。因此，以家庭生活为主题的语文实践活动，更能走进学生的心灵，感受温暖的亲情。结合教材，我们开展了"今天，我做饭""爸爸妈妈听我说""我爱我家"等活动，这些活动既活泼生动又温馨甜蜜，使得课堂内外、家校内外融为一体。

（二）"温暖实践"的评价

"温暖语文"课程评价注重过程、体验和效果，真正让学生做中学，学中长。依据每项活动方案的目标，按照一定的标准，对教学过程和教学结果进行价值判断，尊重多元，注意反思。（见表1-1-6）

表1-1-6 合肥市五十中学西校"温暖实践"课程评价表

评价项目	评价要点	评价标准	自评	师评
活动目标和内容	目标明确（5分）	依据语文课程标准的相关要求，从学生的学习、成长需求出发。		
	结合实际（5分）	贴近生活，调动情感。		
	内容丰富（10分）	来源生活，关注语文的运用，进行各种信息的整合。		
活动的方式方法	组织形式（10分）	符合学生的年龄和心理特征，形式活泼多样。		
	活动方法（10分）	有小组团队、讨论交流、竞争比赛、展示观摩、家庭会议等多种方法，以体验参与活动为主。		
活动过程	活动要素（20分）	方案详实，组织有序，评价激励，具有可行性、安全性和科学性。		
	活动步骤（20分）	准备充分，步骤具体，过程紧凑，张弛有度。		
活动效果	学生自主性（10分）	学生积极参与活动，主动与他人合作交流，发现并解决问题。		
	学生创造性（10分）	思路设计新颖，方式方法多样，有相应的活动成果。		

综上所述，语文是开放的、多变的、灵活的，语文教学不仅仅承担学生的升学考试任务，更重要的是让学生的心灵更丰富。从这个意义上说，语文课堂的价值早已超越授课本身，而成为滋润学生内心世界的一方园地。五十中学西校"温暖语文"课程既立足于大语文的共性，又彰显"温暖"学生身

心的个性；五十中学西校语文教师既承担着授课的基本职责，更肩负着"温暖"未来一代的庄严使命。

（撰稿者：戈瑞雪 唐彤彤 孙明萍 姚德芝 张化文 王婧 李梅 王霞玲 胡志杰 林德巧 胡桂华 张彬）

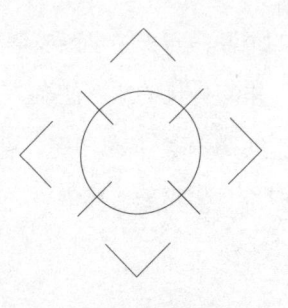

求真物理： 练就探本溯源的精神品质

五十中学西校物理教研组现有教师15人，其中高级教师3人，中级教师11人，新入职1人。多人次在国家级、省级、市级和区级教学评比中获得优异成绩，是一个既有丰富经验，又充满朝气的团队。教研组秉承"以实践培养学生探本溯源的品质"的理念，依据教育部《关于全面深化课程改革落实立德树人根本任务的意见》《基础教育课程改革纲要》和《义务教育物理课程标准（2011年版）》等文件精神，制订物理学科课程群建设方案，取得了良好的效果。

第一部分 学科课程哲学

一、学科性质

《义务教育物理课程标准（2011年版）》强调： 义务教育阶段物理课程应综合展现人类在探索物质与能量、物质结构、相互作用和运动规律等过程中的成果。[1] 物理学不仅包括人类在探索大自然的过程中获得的知识成果，还体现了探索者们科学的思想、方法、态度和精神等。

义务教育物理课程作为科学教育的重要组成部分，是以提高全体学生的

---

[1] 中华人民共和国教育部. 义务教育语文课程标准（2011年版）[S]. 北京：北京师范大学出版社，2012.

科学素养为目标的自然科学基础课程。此阶段的物理课程不仅应该注重学科知识的传授和技能的训练，还应该注重对学生学习兴趣、探究能力、创新意识，以及科学态度、科学精神方面的培养。

义务教育物理课程是一门注重实验的自然科学基础课程。物理是一门关注过程的学科，此阶段的物理课程应注意让学生自主地从观察中寻找和发现问题，在实验探究过程中，学习科学知识和科学探究方法，增强分析问题和解决实际问题的能力。

义务教育物理课程需要关注与生活实际、生产以及时代发展的联系。此阶段的物理课程应根据学生的认知特点，加强课程内容与学生生活、现代社会和科技发展的联系，关注技术应用促进的社会进步和带来的相关问题，介绍我国古代人民对科学进步的贡献和现代科技发展的成果，激发学生的爱国情怀，培养学生建设祖国的社会责任感和正确的世界观。

《基础教育课程改革纲要》在课程改革目标中明确指出："改变课程管理过于集中的状况，实行国家、地方、学校三级课程管理，增强课程对地方、学校及学生的适应性。"物理教研组依据《义务教育物理课程标准（2011年版）》要求，结合本校教情和学情，构建符合学生身心发展的校本课程，拓展并丰富教学资源。学生在学习物理基础知识的过程中，观察问题和分析事物的角度发生改变，逐步形成良好的思维习惯，保持对自然界的好奇，激发并培养对科学的探索兴趣，具有创新意识，学会独立思考，勇于有根据地怀疑，养成尊重事实、大胆想象的科学态度和科学精神，感受物理学的魅力，培养社会责任、环境意识和爱国情怀，践行"大爱于心，致真于行"。

二、学科课程理念

"求真物理"的课程理念在于培养"求真"态度和"大爱精神"。义务教育阶段的学生在完成物理学习目标的基础上，进一步拓展知识的深度和广度。在此过程中，激发学生兴趣，增强学生动手能力和思维能力，锻炼意志品质，培养学生终身学习的愿望和能力，关心科学发展前沿，形成可持续发展的意识，人类与自然的和谐共生以及环境意识，丰富科学素养，树立正确的科学观，有复兴中华的家国情怀，有将科学服务于人类的使命感与责任感。

（一）"求真物理"培养学习兴趣

学生经历从生活到物理的认识过程，激发自身的求知欲，领略自然现象中的美妙与和谐，充满对未知世界的好奇，培养终身的探索兴趣。要保护和保持学生对自然的热爱和好奇心，培养和发展对科学的探索兴趣，根据学生现有的认知水平和学生认知发展的规律引导学生去认识、了解自然，去探索未知，帮助学生去寻找答案，去获得成功，从而获得心理满足，产生自我认同感和幸福感。从问题走向探索，从探索走向成功，从成功走向自信，这样，学习物理就充满了乐趣。

（二）"求真物理"注重知识应用

通过基本知识的学习与技能的训练，学生初步了解自然界的基本规律，通过基础知识的积累能逐步客观地认识世界、理解世界，把程序性知识的学习放到与概念、规律的学习同等重要的地位，把"科学方法"和技能都纳入物理基础知识范畴，明确知识技能目标要求。学生在建构物理知识的过程中，养成良好的思维习惯。物理学是观察实验与科学思维相结合的产物，引导学生关注知识建构的过程，培养学生科学思维方法和习惯，这是学生科学素质的重要体现。注重知识的应用，在解决问题或作决定时能尝试运用科学原理和科学研究方法。

（三）"求真物理"尊重科学态度

世界是物质的世界，学生在基础的科学探究过程中，学习科学的探究方法，科学探究能力得到发展，逐步养成尊重事实、实事求是地探索真理的科学态度。科学的本质是探究，学生科学探究能力是科学素养的核心，学生乐于参与科学探究活动，勇于求真，了解世界的本质，积极参加科技实践活动，提高科学素养。这些目标实现的支撑，具体就是科学探究过程，把探究的过程留给学生。为了终结性目标的实现，需要过程性目标的推进和落实，这是课程目标特点之一。

（四）"求真物理"养成良好思维

学生可以展示自己在物理学习过程中的一些所思、所悟和小发现，敢于面对权威有根据地质疑。学生通过科学想象与科学推理方法的结合，想象力和分析概括能力得到培养，并养成良好的思维习惯，逐步形成敢于质疑、勇于创新的意识。用"创新意识、科学态度和科学精神"激发学生终身学习的愿望，一个人无论将来从事什么工作，都是很重要的。教育就是培养和发展人，对于学生的发展，从某种角度来讲，它是比知识、能力更重要的东西，也是学生将来真正适应社会发展和人类自身发展的必然要求。物理学是一门自然科学，纵观物理学史，物理学现在的概念规律大都是不断地从修正错误中得到的。物理学的创立和发展处处体现着一代又一代的科学家的科学态度、科学精神和创新意识。物理课程对培养学生这些素质具有独特优势，"求真物理"是对前人研究成果的尊重，更是对真相的追求，也是有根据地对现有权威的质疑。只要我们头脑中有这样的观念，我们就可以在物理教学活动中创造很多机会，渗透给学生，将促进学生创新意识和创造能力目标的实现。

（五）"求真物理"树立正确科学观

学生通过了解物理学发展的历程，学习一些科学方法和科学家的探索精神，关心科技发展的动态，关注技术应用带来的社会进步和环境以及人文问题，树立正确的科学观。人类创造科学技术，并将它服务于人类社会；科技的发展促进了人类社会的发展，但同时它也受到了社会发展的制约；科学技术给我们的生活带来了很多的福利，但同时也引发了环境、资源等许多问题。过去的物理课程基本上是以科学论科学，缺少对科学意义的涉及。"求真物理"是在义务教育阶段的物理课程中，让学生不只是学习单纯的物理知识，还应该以物理的内容为素材，关注未来。通过这些素材让学生感受到科学的、技术的和人文的教育，体现人类发展与自然的和谐与统一，让学生感受物理学之美。

综上所述，"求真物理"作为校本课程是以促进学生的全面发展，提高学生科学素养为出发点，拓展并丰富物理教学资源，充分挖掘物理课程的多种教育影响功能，从知识与技能、过程与方法、情感态度与价值观等方面的教学得以实现，突破学科本位，体现了"以人为本"思想和知识建构，体现全面发展，体现学科和校本特色。

第二部分　学科课程目标

《义务教育物理课程标准（2011年版）》指出："义务教育物理课程旨在

提高学生的科学素养，让学生学习终身发展必需的物理基础知识和方法，养成良好的思维习惯，在分析问题和解决问题时尝试运用科学知识和科学研究方法。"[①]

"求真物理"课程目标：我们追求的是，对一个具体的问题，引导学生去主动思考，可以选用什么物理公式或定律去处理该问题。通过思考尝试，如果找到了恰当的知识依据，并进行了正确的处理，且得到了正确的结论，这对学生的影响才是深远的。

通过八、九年级四个学期的物理学习，熟练掌握相关物理知识，逐步形成独立思考的习惯，有解决具体物理问题的思维方法；经历相关科学探究过程，具有初步的科学探究能力，如：会提出问题、会设计一些简单的实验；有控制变量的意识、知道如何使实验现象更明显、能清晰描述实验现象和结论等；乐于参加与物理有关的"科技动手做""小制作""小发明""小论文"等活动，增强动手动脑能力；善于团队合作，保持探索的兴趣与热情，有尊重事实、敢于质疑、勇于创新的意识和科学素养。

一、学科课程总体目标

根据《义务教育物理课程标准（2011年版）》和实际学情，"求真物理"课程目标具体从以下几个方面阐述：

（一）知识技能目标

初步认识机械运动、声和光、力、电和磁等自然界常见的运动和相互作用，了解这些知识在生活、生产中的应用。初步认识物质的属性及结构、物质的形态及变化等内容，了解物体的尺度、新材料的应用等内容。了解新能源的应用，初步认识能源利用与环境保护的关系。初步认识能量、能量的转化与转移、机械能、内能、电磁能，以及能量守恒等内容。初步了解物理学及其相关技术产生的一些历史背景，能意识到科学发展历程的艰辛与曲折，知道物理学不仅指物理知识，而且还包含科学研究方法、科学态度和科学精神。具有初步的实验操作技能，会使用简单的实验仪器和测量工具，能测量

[①] 中华人民共和国教育部. 义务教育语文课程标准（2011年版）[S]. 北京：北京师范大学出版社，2012.

一些基本的物理量。会记录实验数据，知道简单的数据处理方法，会写简单的实验报告，会用规范语言、简单图表等描述实验结果。

（二）物理思维目标

经历科学探究的过程，能简单描述所观察的物理现象，有初步的观察能力。能在观察物理现象或物理学习过程中发现一些问题，有初步的提出问题的能力。会拟定简单的科学探究计划和实验方案，有控制变量等意识。能利用不同方法搜集信息，对信息的有效性作出判断，有初步的信息搜集、处理能力。能够从观察现象和实验探究活动中归纳简单的科学规律，并尝试解释一些具体问题，有初步的解决物理问题能力。能书面或口头表述自己的观点，初步具有评估和听取反馈意见的意识，有初步的信息交流能力。

（三）问题解决目标

具有科学探究的意识、能发现问题、提出合理猜想。具有设计实验探究方案和获取证据的能力，能正确实施实验探究方案，进行简单的实验操作，使用多种方法收集信息。具有分析论证的能力，会使用各种方法和手段分析、处理信息，描述、解释实验探究结果和变化趋势。具体问题中，能选择合适的定理，用正确的方法得到正确的结论。具有合作与交流的意愿和能力，能准确表达、评估和反思实验探究过程与结果。

（四）情感态度目标

能保持对自然界的好奇，感受自然现象中的美妙与和谐，对大自然有亲近、热爱、和谐相处的情感。具有对科学的求知欲，乐于探索自然现象和日常生活中的物理学道理，勇于探究日常生活中相关物理现象的物理学原理，有将科学技术应用于日常生活、社会实践的意识。积极参与"科技动手做""小制作""小发明""小论文"等科学实践活动。在解决问题的过程中，有克服困难的信心，体验战胜困难、解决物理问题时的喜悦。养成实事求是、尊重自然规律的科学态度，不迷信权威。有将自己的见解公开并与他人交流的意愿，认识交流与合作的重要性，有主动与他人合作的意识，敢于提出与别人不同的见解，也勇于放弃或修正自己的错误观点。初步认识物理学及其相关技术对于社会发展及人类生活的影响。有可持续发展的意识，能在个人力所能及的范围内对社会的可持续发展有所贡献。有将科学服务于人类的意识，有理想，有抱负，热爱祖国，有复兴中华的使命感与责任感。

二、学科课程年段目标

在课程总体目标的基础上，根据各年级不同的学情，制定年段课程目标。这里，我们以八年级为例，阐述学科课程年段目标。（见表1-2-1）

表1-2-1 合肥市五十中学西校"求真物理"课程年段目标

学期	模块	年段目标		
八年级上学期	声学	1. 认识声的产生与传播条件。 2. 了解乐音的特性。 3. 知道噪声的危害和控制的方法。 4. 能书面或口头表述发现与物理学有关的问题。	1. 通过实验，认识声的产生与传播条件。 2. 能从日常生活、自然现象或实验现象中发现与物理学有关的问题。 3. 了解发现问题和提出问题在科学探究中的意义。	1. 振动、敲击、吹奏生活用品，能证明声的产生条件。 2. 自制土电话。 3. 自制"瓶子乐器"。 4. 自主设计。
	光学	1. 了解光的反射定律、光的折射规律及其特点。 2. 知道平面镜成像的特点及其应用。 3. 认识凸透镜的会聚作用和凹透镜的发散作用。了解凸透镜成像规律及其应用。 4. 了解白光是由各种色光混合而成。	1. 探究并了解光的反射定律、光的折射规律及其特点。 2. 探究平面镜成像时像与物的关系。 3. 探究凸透镜成像的规律。 4. 尝试独立完成"雨后彩虹"。 5. 能明确探究目的和已有条件，经历制订计划与设计实验的过程，认识制订计划与设计实验在科学探究中的作用。 6. 尝试考虑影响问题的主要因素，有控制变量的初步意识。	1. 自制万花筒。 2. 自制望远镜。 3. 自制猫眼。 4. 自制潜望镜。 5. 自制小孔成像仪。 6. 自主设计。
	物质	1. 能用语言、文字或图表等描述物质属性，并尝试将属性与日常生活中物质的用途联系起来。 2. 知道质量的含义，理解密度的含义，并能尝试用密度知识解决问题。 3. 了解研究物质的属性对日常生活和科技进步的影响。	1. 会阅读简单仪器的说明书，能按要求操作，会正确记录实验数据。 2. 会测量固体和液体的质量、体积、密度。 3. 具有安全操作意识，能听取别人的意见，调整方案，既能坚持原则，尊重他人，又有团队意识。	1. 自制天平。 2. 自制量筒。 3. 自主设计。

续表

学期	模块	年段目标		
八年级下学期	力学	1. 认识力及力的作用效果；知道二力平衡的条件。 2. 认识牛顿第一定律，能用惯性解释自然界和生活中的有关现象。 3. 理解压强，知道日常生活中增大和减小压强的方法。 4. 知道大气压强的存在及其与人类生活的关系。 5. 了解流体的压强与流速的关系及其在生活中的应用。 6. 认识浮力，知道物体浮沉条件，并能运用物体的浮沉条件说明生产、生活中的一些现象。知道阿基米德原理。 7. 知道简单机械。 8. 认识功的概念。知道做功的过程就是能量转化或转移的过程。 9. 用实例解释功率。 10. 知道机械效率，并了解提高机械效率的途径和意义。 11. 知道动能、势能和机械能。	1. 探究二力平衡的条件。 2. 通过演示，再现牛顿第一定律。 3. 探究影响固体和液体压强大小的因素。 4. 通过实验，体会大气压强的存在。 5. 探究流体的压强与流速的关系。 6. 探究物体的浮沉条件。 7. 探究杠杆的平衡条件。 8. 探究物体动能和势能的影响因素。 9. 认识猜想与假设在科学探究中的重要性。 10. 经历从物理现象和实验中归纳科学规律的过程。能进行简单的因果推理。 11. 认识分析论证在科学探究中的必不可少。 12. 认识科学探究中必须有合作精神。	1. 自制喷雾器。 2. 自制浮沉子。 3. 自制弹簧测力计。 4. 自制杆秤。 5. 自制单摆。 6. 自主设计。

第三部分 学科课程框架

一、学科课程结构

《义务教育物理课程标准（2011年版）》指出："让学生经历与科学工作

者进行的相似的探究过程，主动获取物理知识，领悟科学探究方法，发展科学探究能力，体验科学探究的乐趣，养成实事求是的科学态度和勇于创新的科学精神。""让学生通过观察、操作、体验等方式，认识物理规律，学习科学方法，树立正确的世界观。"① 据此，在国家课程的基础上，五十中学西校建构了"求真物理"课程群，从科学内容、科学探究以及创新性三个方面，设置了"最强大脑""致真实验""创意工坊"三门课程，从而形成物理学科的"求真物理"课程群。（如图1-2-1）

图1-2-1 合肥市五十中学西校"求真物理"课程结构图

上图中，各板块课程具体表述如下：

最强大脑：旨在学生可以扎实地掌握和熟练地运用所学的物理知识，并拓展视野。学生经历听"科普"、说"竞答"、读"论文"、写"论文"等方式的浸润，既拓宽了视野，又及时复习巩固课堂所学，还发现并调整自身学习的问题，从而达到最理想的学习效果，践行"真我"的认知态度。

致真实验：旨在训练和增强学生的动手能力，经历并理解科学探究的基本过程和方法，培养学生严谨的科研态度。学生经历实地调查、亲自观察、

---

① 中华人民共和国教育部. 义务教育语文课程标准（2011年版）[S]. 北京：北京师范大学出版社，2012.

网络搜集、动手操作、切身体验等方式的历练，既激发学习兴趣，又培养观察能力、思维能力，还获得了丰富的感性认识，加深了对概念、规律等物理知识的理解。学生不仅了解了物理学的思想方法和研究方法，还培养了"求真"的科学态度。

创意工坊：旨在培养学生创新意识和创造力，善于发现新问题，敢于创新思路，提出解决问题的新办法、新途径。学生经历动手制作，切身体会实验器材对物理实验的重要性，使其主动去发掘身边可用于实验的物品，改进已有器材，设计新器材，锻炼和增强动手能力和创新能力；制作科幻画，设想未来科技发展，启迪思维，培养创造力，加深物理概念和规律的理解，明白生活处处皆物理，培养遵守纪律、爱护器材、热爱生活的"大爱精神"。

二、学科课程设置

在"求真物理"学科课程理念的指导下，在国家课程的基础上，结合五十中学西校的实际情况，设置"求真物理"课程群。（见表1-2-2）

表1-2-2　合肥市五十中学西校"求真物理"课程群设置

课程	最强大脑	创意工坊	致真实验
内容	科普阅读 趣味竞答 科学论文 科普讲座 启智远航	慧眼识珠 匠心独具 科幻王国 建构模型 自主设计	生活调查 巧思妙想 仿真实验 我来讲解 自主设计

第四部分　学科课程实施与评价

五十中学西校"求真物理"课程群通过打造"求真课堂"、设立"求真赛场"和创办"求真广场"等途径推进"求真物理"课程群的深度实施，围绕"最强大脑""致真实验"和"创意工坊"三门课程开展活动，注重多样化的评价方式，促进学生的发展，培养学生探本溯源的品质。

一、打造"求真课堂",提升核心素养,推进课程有效实施

"求真课堂"由生活走近物理。学生从生活中的现象入手,发现问题,并用问题导向,学习生活中的物理,让物理知识变得有趣且有用。为学生创设情境,提供展现自我的舞台,调动学生的学习积极性,通过师生合作、生生合作,经历科学探究过程,发展学生思维,培养团队意识和创新意识,践行"大爱于心,致真于行"。

"求真课堂"要求师生间、生生间多维度互动交流,创设情境,共同探究学习,充分调动学生的学习积极性,促进教师从备课开始重视"知识"的载体功能,对知识进行必要的教育学"加工",使课堂教学真正成为育人的过程,关注学生获取学科知识的水平,重视学生思维能力和创新意识的培养,尊重学生个体差异,进行有效的课堂教学,让学生有强烈的获得感,快乐地学习物理。

二、设立"求真赛场",提高科学素养,营造优良科学氛围

"求真赛场"以提高科学素养,培养学生的动手能力、创新能力和团队意识为宗旨,引导和组织学生走近科学、探索科学、参与探究活动,扎实有效地开展"创意工坊"和"致真实验"课程,培养学生用科学、讲科学、爱科学的良好习惯,营造优良的科学教育氛围。

"求真赛场"在"科学探究、团体合作、学生自主"理念的指引下,致力于体现学生主体参与、直接获取知识、多样的学习方式、开放的活动结构、动态的内容生成、互动的个体群体和多元的教学评价,为学生搭建一个发展自我、完善自我、展现自我的平台。

三、创办"求真广场",勇于展现自我,培养热爱科学精神

"求真广场"主要通过展示学生在"创意工坊"和"致真实验"中动手制作、改进或设计的作品,促进学生之间的交流与合作,激发学生学习的热情及创造力,领略物理世界的真与美。

"求真广场"以培养青少年热爱科学的精神,勇于展现自我为宗旨,学生全程参与制作和实验,熟悉全部环节和过程,每一件作品都出自学生之手,增强动手能力和创新能力。

综上所述，五十中学西校提出"求真物理"的学科理念，立足于培养学生探本溯源的品质，培养和形成学生正确的物理思维和学以致用的观念。在"求真物理"的课程体系中，把思维能力、动手实验和设计制作都融入整个活动过程中。

（撰稿者：于洋　尹必锋　何以广　胡志杰）

第二章

质量目标：
学科课程的目标定位

有质量的学科课程目标对学科育人起导向作用，为教师的教与学生的学提供有效参考。在定位学科课程目标时，要充分遵循学生身心发展的一般规律，联系学科课程特点，切合现实生活需求，为学生发展注入强劲动能。

质量是基础教育教学的基准线，要想实现高质量发展，形成办学特色，就要定位好学科课程的目标。五十中学西校秉承"大爱于心，致真于行"的办学理念，将学科课程目标定位为实现"五育并举"、学生全面发展、基础教育高质量发展和形成办学特色。在定位课程目标时，五十中学西校注重从课程功能、学生特点、学科发展、社会需求等四个方面进行把握。

紧随课程功能转变定位。课程功能，即课程开设所起到的作用和效果。在新的历史时期，我国的课程功能由倾向知识的传授发展为强调学生形成学习态度的主动性，更加注重正确价值观的养成。五十中学西校在开设学科课程和开展具体的学科课程活动中，面向每名学生，更加注重学习态度和价值观的培养，强调学会学习和终身学习意识的培养，实现学生全面和谐的发展。

遵循学生身心特点定位。素质教育强调以学生为本，在学科课程目标定位时以学生为主体，遵循学生身心发展的特点，满足学生发展的需要。初中阶段的学生总体上特征：处于生理和心理发展的关键时期，生理上变化急剧，思维方式由具体形象思维向抽象思维过渡，情绪情感日趋丰富。同时，每个学生都是独特的个体，学生间存在差异性和独特性，有着不同的兴趣。五十中学西校在开展学科课程活动时，注重选择贴近初中生身心发展实际需求的相关主题，丰富学生的学科课程选择。

联系学科发展特点定位。初中阶段在整个基础教育阶段中起着承上启下的作用，该阶段注重基础知识、基本技能的培养和情感态度价值观的树立。五十中学西校通过开设不同的学科课程，结合不同学科课程的特点，注重"五育并举"，促进学生实现全面发展。为培养合作探究能力，"和谐地理"课程以本学科提出的学科目标和学科课程理论为基础，开设多维社团，打造多维课堂，开展多维实践，加强合作学习和能力的培养。为培养学生的动手能力和创新精神，"致真科学"课程，特开设科技创新、创客动手做子课程，有计划、有组织地开展动手实验、制作创新的活动，培养学生由一个问题的提出到解决全过程的创新意识和能力。

满足社会发展需求定位。在发展基础教育，开展学科课程建设时，注重结合社会实际需求。五十中学西校在课程目标定位时，把受教育者培养成社会需要的人才，办家长满意的教育和发展高质量的教育作为重要的依据。最终实现"应试教育"向"素质教育"的转变,做到"五育并举",高质量发展。

(撰稿者： 胡志杰 潘婷婷)

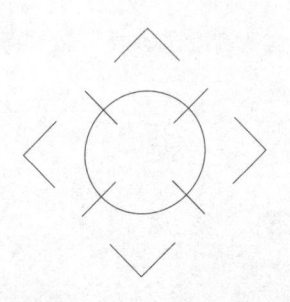

致真科学：以科学印证真理

五十中学西校科学课程由多学科教师共同指导，目前，共有10位教师，设有科技创新、创客动手做、机器人竞赛、信息学竞赛等课程，坚持推行素质教育，以培养全面发展的青少年为育人目标，着力进行各项特色课程建设。

第一部分　学科课程的哲学

一、学科性质观和价值观

21世纪以来，科学技术进入了有史以来发展最快的历史时期。在以相对论、量子论、DNA双螺旋结构为标志的科学革命的推动下，科学理论无论在广度和深度上均得到飞速的发展。现代生物技术、新材料技术、新能源技术、航天技术、信息技术、虚拟现实技术、人工智能技术、5G通信技术等迅速地改变着世界的面貌，推动着社会的进步。另一方面，随着科学技术和社会的发展，出现了一系列负面问题，例如生态环境恶化和资源枯竭，严重破坏了社会的可持续发展。这些都对教育提出了严峻的挑战。

面对上述挑战，学生必须逐渐了解科学的本质，捍卫科学并消除迷信。首先，需要养成关注科学、技术和社会问题的习惯，养成科学的态度和价值取向，并增强社会责任感。其次，为了适应时代的需要，学习生活所必需的科学知识。体验科学探究的过程并解决研究、生活、工作和社会决策中产生的问题，学习科学的思维方法。为此，五十中学西校开展大科学课程群，课程群分为科普和科创两大部分六个模块。科普模块有钱学森班课程、博士课程，科创模块有科技创新课程、创客动手做课程、电脑机器人课程、信息学课程。力求所有学生都能找到自己感兴趣的科学课程，培养学生科学素养中的知识与动手能力、探究创新能力、科学态度、情感与价值观。

二、学科课程理念

大科学课程一方面普及科学理论知识、前沿科学知识发展状况，另一方面培养学生探究创新能力、动手能力、合作能力、逻辑思维能力。大科学课程建立在对科学本质认识的基础上，并将引导学生逐步认识科学的本质，是以多样统一的自然界为研究对象的探究活动。科学探究不仅包括逻辑推理和实验活动，还包括充满创造性思维的过程。科学知识是所有人，特别是科学家的探索活动的结果，是人类智慧和劳动的结晶。科学不仅是科学家的职业，而且是整个社会的职业。每个人都应该关注科学技术的发展。

（一）"致真科学"反映当代科学成果

科学在不断发展过程中具有明显的时代特征，所以大科学课程反映了现代科学成就和新科学观念。学生了解现代科学技术，对理解现代科学技术知识，建设新农村、新城市，以及改善人们的物质和精神生活方面起重要作用。学习科学知识，提高科学素养，为社会服务，树立复兴中华民族的理想。

（二）"致真科学"立足学生发展

大科学课程注重全面培养学生的科学素养，为他们的终身发展奠定基础。学生对科学的兴趣是科学学习最直接、最持久的内部动力，对他们的未来发展非常重要。在内容选择和撰写方面，我们根据学生的实际情况为科学学习创造环境，激发学生对科学知识的好奇心，并使学生在探索过程中体验学习科学的乐趣。

在"致真科学"课程中，我们注意大科学课程中包含的德育教育要素，科学思维、科学思维教育和其他课程和各种教育紧密联系，以及爱国主义、集体主义和社会主义的教育，为学生形成正确的世界观、人生观和价值观奠定基础。

科学教育是一个动态的过程，必须通过诸如学生独立调查探究的活动来实现教育目标。教师在现实教育中发挥积极作用，组织、引导和指导学生的学习活动，以便在积极学习科学的过程中发展学生的科学技能。

（三）"致真科学"体现科学本质

大科学课程注重引导学生了解科学的本质，并逐渐了解自然界中的事物是相互联系的。实际上，必须通过科学研究不断对其进行探究和开发。学生必须了解科学、技术和社会密切相关，科学是每个人都应谨记的社会责任。所有这些在培养学生的科学态度，科学价值观和良好的科学意识方面都起着重要作用。

（四）"致真科学"突出科学探究

学生科学素养的发展与科学学习过程密不可分。科学的核心是探究，而教育的重要目标是促进学生的发展。学生应该有足够的科学探究机会，以便他们可以动手和脑筋来体验研究过程的波折，学习科学方法，发挥科学研究所需的技能以及增进对科学的理解。

科学探究是学生了解科学知识的重要学习方式，但这不是唯一的方法。教学需要使用各种教学方法和策略，以使学生能够将研究中获得的知识与其他方法中获得的知识联系起来，并为以后学习科学技术知识奠定基础。

第二部分　学科课程目标

大科学课程群的总体目标是提高每个学生的科学素养。通过学习本课程，学生保持强烈的好奇心和对自然现象知识的渴望，养成与自然和谐相处的生活态度，了解或理解基本的科学知识，学会或掌握某些基本技能，进行设计并能够使用它们来解释常见的自然现象并解决一些实际问题。

培养实践和解决问题的能力。未来的社会需要有更多的实践经验、新观念、创造力和新思维方式。在解决问题的过程中，创新思维是培养解决问题能力的核心。帮助学生发现多种可能的解决方案，寻找替代方案，提出挑战，并提出新的想法来帮助学生解决问题，从而使学生从中发现自己。以有意识的方式学习获得新知识，从而增强合作能力，提高沟通技巧，增强表达能力。提高对科学探究的了解，初步养成科学探究的习惯，培养实践能力和创新意识；以科学知识和探究意识形成科学辩护，反对迷信并解决个人问题；了解科学技术是主要生产力，关注科学技术与社会之间的相互作用。大科学课程群目标包括四个方面：科学探究（过程、方法与能力），科学知识、科学技能，科学态度、情感与价值观，科学技术与社会的关系，现分别详述如下。

（一）科学探究（过程、方法与能力）

在"致真科学"课程中，学生通过科学探究了解科学知识，学习科学和技术，体验科学过程和方法，对科学的性质有初步的了解，塑造科学的态度、情感和价值观，以及创新意识和实践技能。它着重于培养学生进行科学探究所需的技能，并增进他们对科学探究的理解。具体包括：培养观察和质疑自然现象的能力，并增进对质疑问题的理解。培养提出推测和形成假设的能力，并理解假设对科学探究的作用。培养制订计划习惯，执行简单的实验设计，动手动脑的能力，并认识到实验在科学探究中的重要性。培养搜集和处理信息的能力，并了解信息技术搜集和处理信息以进行科学查询的重要性。培养科学的解释和评估技能，并了解科学探究需要使用科学原理、模型和理论。培养表达和交流技巧，认识到表达和交流对于科学进步的重要性，并认识到研究结果可以对科学决策产生积极影响。

（二）科学知识与科学技能

了解基本的科学事实、概念、原理和学习掌握基本技能。使用所学知识，解释学习和生活中的相关现象并解决相关问题。将科学应用于现代生活和技术，并了解科学对社会发展的重要性。

1. 钱学森班课程、博士课程科普类课程。在自然科学的发展过程中，形成的统一概念和原理，反映了自然界内在的统一性。学生通过本课程的学习，拓宽知识面，体会科学的魅力和科学的力量，更好地激发学习科学的浓厚兴趣。全面培养自身的科技创新发明意识，培养创新精神和创新能力，提高科学素养。通过团体实践活动，例如科技动手做、科技创新等，培养科学探究能力和团队合作精神。

2. 科技创新、创客动手做课程。学生通过课程进行科技意识教育、科技兴趣培养、科技知识教育、科技技能培养、科学方法教育、科学思维能力培养、科学世界观教育和科学素养培养等。有组织、有计划地实施，以科学技术问题为先行，融理论研究、动手实验、创新制作、展示表达于一体的活动，是一个由问题提出并运用知识解决问题的完整过程。培养实事求是、一丝不苟、客观公正、谦虚谨慎、严谨求实、吃苦耐劳、严肃认真、锲而不舍、坚韧不拔、善于总结经验、勤于捕捉灵感和敢于大胆突破的科学态度。树立热爱科学、相信科学、尊重科学和依靠科学的思想，认识科学的价值，积极参与有关科学技术与社会问题的讨论与决策。

3. 计算机信息学课程。掌握软件编程的概念、组成和程序设计。通过循序渐进的学习，养成良好的编程风格和习惯，学生学会将枯燥的抽象知识融合到实践中。学生之间互相学习、互相借鉴、互相合作，同时在编程的基础上敢于质疑、勇于创新。通过编写程序，激发探索和创作的积极性，通过实践培养适应各种软件的能力。

4. 人工智能机器人课程。学生学习本课程，不仅可以相互促进能力，还可以带来无穷的乐趣。为兴趣而生、在能力中增强兴趣，这些能力都不是刻意去要求的，都是潜移默化的，无形中就学会这样的能力。同时能认识各种机械的运动方式、学习作品中的数学和物理原理、了解机械装置在生活中的应用，在后期通过机械结构、传感应用、程序应用进行研究探索性学习，进入机器人编程阶段，可以培养学生的逻辑思维能力、团队合作能力。

（三）科学态度、情感与价值观

科学态度、情感与价值观是科学思想的重要内容，是科学过程目标的重要方面，对科学态度，情感和价值观的培养必须贯穿科学教育的整个过程。通过科学课程，学生可以执行以下操作：

对自然现象的知识保持强烈的好奇心和渴望，并养成与自然世界和谐相处的态度。尊重科学原理，增强人们对科学的兴趣，重视科学技术的发展，反对迷信。逐步培养创新意识，根据客观事实陈述自己的意见，听取和分析他人意见，并根据科学事实修改自己的观点。养成善于沟通，分享和合作并尊重他人工作的习惯。加强自己的社会责任感，树立用科学和技术知识来为国家和人民服务的意识。

（四）科学技术与社会的关系

理解科学技术与社会的关系是现代公民科学素养的重要内涵。这部分内容是培养学生的理论与实践相结合，参与社会决策意识，形成可持续发展概念的关键。通过学习科学课程，学生将对科学促进技术进步与技术促进科学发展之间的关系的初步了解，以及对社会需求的初步了解，社会需求是科学技术发展的强大动力；了解科学技术已成为当代社会和经济发展的决定性因素，科学和技术是主要生产力；了解技术对自然，人类生活和社会的负面影响，并初步了解实施可持续发展战略的重要性；了解科学技术，不仅可以促进物质文明的进步，而且可以促进精神文明的建设和发展。科学和技术是重要的社会事业，每个公民都必须给予关注，并有权力参与这一事业。

第三部分　学科课程框架

大科学课程是一门知识性与技能性相结合的综合性、实践性课程，致力于培养学生的信息素养、创新精神和实践能力为主要目标，是操作性强的课程。基于"致真科学"的学科理念和课程目标，我们设置了"钱学森班课程""博士课程""科技创新课程""创客动手做课程""信息学课程""机器人课程"六部分内容。

一、学科课程结构

结合五十中学西校课程理念，以及科学课程理念，围绕科学课"技术与实践相结合，把学生培养成综合型、创新型的人才"，我们从"钱学森班课程""博士课程""科技创新课程""创客动手做课程""信息学课程""机器人课程"六个方向进行课程构建，从而形成"致真科学"课程群。（如下图2-1-1）

图中，各板块课程具体表述如下：

1. 钱学森班课程。以"钱学森班"的设立为契机，致力于在初中生中探索培养创新人才的新机制。任何思想的贯彻都需要执行者有眼光、有情怀、有手段。五十中学西校也一直坚持以一个班级为基础，尽可能地让更多人得到激励的力量。通过参加钱学森系列活动学习，把科学家的爱国奉献、求真创新的精神种子潜移默化地深植于孩子的心灵。根据学生的多元优势智能，

图 2-1-1 合肥市五十中学西校"致真科学"课程结构图

2. 博士课程。以博士走进课程开展科普教育活动，给孩子们讲述科学现象、开发科学思维、传播科学知识，将这些优秀的科技和文化资源与课堂的教学内容融为一体。学习此课程，对于提高自身科学素养，培养创新精神和实践能力意义重大。

3. 科技创新课程。在传统的逻辑分析和教学过程中，学生通过发现、探索和建构意义的过程来获取知识并发展技能。科学技术教育的基本学习方法包括：基于查询的学习，基于社会探究的实验学习，基于社会参与的实践学习，以及基于设计和生产的应用学习。进行尽可能多的学习活动，进行研究、检查、访问、宣传、实验、表演、展览、交流、总结和其他学习，并根据学生的需求、动机和兴趣开展活动。

4. 创客动手做课程。以兴趣活动为有特长爱好的学生提供一个展示个性与才艺的空间，使他们的一技之长得到充分的发挥和展示。课程着眼于学生的发展，符合学生学习认知发展规律，课程强调面向社会和学生生活实际。学生在体验过程中，习得经验，在研究现实问题中进行学习，从而为获得终身学习能力、创造能力、实践能力，以及生存与发展能力打好基础。

5. 信息学课程。以程序为基础，以算法为核心，不是以代码编写训练为核心，而是以编程方法和算法思想的经验为目的。通过学习该模块，学生能够使用一种面向对象的可视化编程语言来初步了解编程概念、过程和方法。从简单的生活问题开始，设计算法并对它们进行编程，了解算法和编程如何解决问题，过程中的状态和功能以及算法的价值。

6. 电脑机器人课程。此模块提高了内容的广度和深度，强调设计和生产，旨在激发学生探索机器人兴趣，并增强通过亲自动手实现目标的能力。通过学习该模块，学生应该能够理解机器人的基本结构以及每个组件的作用。通过完成简单的机器人设计、硬件组装、编程、功能调试和其他任务。在掌握机器人的知识和技能的基础上，积极创造性地解决更多实际问题，在此过程中培养创新精神，增强实践能力。

二、学科课程设置

在"致真科学"课程理念的指引下，学校积极推进课程建设和实施，除了基础类课程之外，依据校情、师情和生情，多元开发拓展类课程，横向按照学科内容，纵向按照年级高低，形成了符合学校实情的"致真科学"课程设置表。（见表2-1-1）

表2-1-1 合肥市五十中学西校"致真科学"课程设置表

内容 年级	钱学森班课程	博士课程	科技创新课程	创客动手做课程	信息学课程	机器人课程
七年级	钱学森生平和时代背景	科技创新思维	科技知识讲座	各种工具使用	基础知识	编程工具使用
八年级	基础科普教育 社会实践活动	启蒙科学观 科技观念 通识教育	科学小知识 科学小论文	主题分析 方案设计	C++语言 数据结构 经典算法	主控CPU、马达、声音、光电、超声波、陀螺仪传感器使用
九年级	家国情怀培养	发明技巧	小发明、小制造、小革新、小设计	制作作品	程序设计	调试机器人测试程序

"致真科学"拓展类课程的设置，尽量做到关注大多数学生，坚持学习空间的多元化、学习时间的立体化，依据学生的年龄特点、心理发展水平设置科学的、系统的课程类目，坚持真实的参与、真切的体验，让科学课程引导学生利用广泛存在于学校、家庭、社会、自然等资源进行学习，将学生的探究知识置于广阔的背景之中，帮助他们认知世界、体验生活、增添知识，构建综合体系，使科学教育的内容具有实践性和趣味性。

第四部分　学科课程实施

"致真科学"课程致力于营造这样一种环境，教师和学生一起以科学探究的精神，积极主动地探索、认识科技知识。在此过程中，教师应关注学生科学素养的整体发展，关注学生学习中的困难和问题，采取有效的教学策略指导和帮助学生，增进教师对科学的理解和对学生的理解。

一、注重科学探究的教学

探究活动的设计必须符合学生的心理特征。注意学生熟悉的事物，自己喜欢的设计活动，鼓励使用自制的教具和廉价的实验器材进行探究活动，结合探究活动，努力发展和鼓励学生参与发展各个层次的小型探究性课题。探究是一个多方面和多种形式的活动，无论采用哪种形式，关键都是要体现科学探究的思想和基本特征。一些探究活动仅包含探究的部分内容和特征，例如，学生根据教科书或教师提出的问题进行探究。通过活动，学生还可以很好地了解为科学研究提供理论支持的必要性。为了有效地增强学生的研究能力，也有必要逐步从参与转变为参与全面的研究活动。

二、注重学生"动手"与"动脑"的结合

教师必须意识到，只有将学生的科学探究与学习的科学知识相结合，他们才能全面提高其科学素养。在科学课程的教学中，有必要为学生创造各种进行科学研究的机会：在亲自参加科学活动的过程中，他们发现问题，体验科学过程，获得客观证据，检验自己的想法和科学理论，逐渐形成科学态

度、情感和价值观。在科学课程中，教师注意引导学生思考事实证据与科学结论之间的关系，并帮助学生学习建立科学模型，从而训练分析思维能力、概括能力和逻辑能力，并逐渐养成科学的思考问题的习惯。

三、鼓励每一个学生充分参与科学学习

教师必须改变以自我为中心的课堂教学模式，以创造一个每个人都可以参与科学学习的环境。在这种环境下，教师必须了解学生的兴趣，现有知识、经验和他们感兴趣的实际问题，并在此基础上设计教学活动。教师必须尊重学生的不同见解、技能和经验，保护学生的创造力和好奇心，鼓励他们合理地怀疑他人的观点，并为他们提供表达自己的观点和进行科学研究的机会。

四、鼓励学生之间的交流与合作学习

教师根据不同的教学内容创造各种条件和形式，以发展学生之间的交流。在学生之间营造相互尊重和信任的氛围，培养学生表达辩论和回答问题的能力，鼓励学生进行公开讨论，批评和质疑他人的科学解释，并指导学生学会放弃错误的观点，接受更合理的科学解释。鼓励学生合作学习，使用小组合作形式进行探究活动，使每个人都可以参加小组工作，并使学生意识到在探究尝试中小组成员都有自己的长处，他们的知识和技能可以互补。这项活动培养了学生之间的协作精神。

五、安排教学计划与教学时间应该有一定的灵活性

在教学过程中，教师根据学生的实际学习和发展需求灵活地掌握时间。一些重要的科学概念的形成是一个复杂的过程，教师给学生足够的时间进行观察，实验，分析和讨论。科学探究是一项耗时最长的活动。如果学生对某项查询活动特别感兴趣，或者在查询过程中发现新问题并需要进一步查询，则可以延长时间以允许学生进行全面的查询和讨论。在讲授某种概念或原理时，如遇学生难以理解的，老师可以添加相关活动来帮助他们理解。为了促进相互交流，可以增加小组活动。

（撰稿者：陈传军　余道龙　胡志杰）

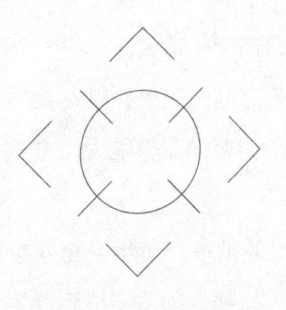

和谐地理：为学生成长开拓视野

五十中学西校地理教研组由 8 位教师组成。教研组中，有着经验丰富、严谨认真的中年教师 3 位，也有着精力充沛、创新进取的年轻教师 5 位，年龄组成合理。从职称来看，地理教研组共有中学一级职称教师 3 名，中学二级职称教师 5 名，匹配合理。地理教研组的 7 位老师有着极具特色的教学模式，课堂广受学生喜爱。教研组依据教育部《关于全面深化课程改革落实立德树人根本任务的意见》《义务教育地理课程标准（2011 年版）》等文件精神，积极推进"和谐地理"课程建设，取得可喜的成绩。

第一部分 学科课程哲学

一、学科课程建设背景

教育目的是指把受教育者培养成为一定社会需要的人的总要求。按照《教育法》的规定，我国现阶段的教育目的是"培养学生的创新精神和实践能力，造就'有理想，有道德，有文化，有纪律'的德、智、体、美等方面全面发展的社会主义事业的建设者和接班人"。现代社会要求公民能够科学、充分地认识人口、资源、环境和社会等相互协调发展的重要性，树立可持续发展观念，不断探索和遵循科学、文明的生产方式和生活方式，这对义务教育地理课程改革提出了新的要求。

义务教育地理课程有助于学生感受不同区域的自然地理、人文地理特征，从地理的视角认识和欣赏我们所生存的这个世界，从而提升生活品位和精神体验层次，增强学生对地理环境的理解力和适应能力；有助于学生形成正确的情感态度与价值观和良好的行为习惯，培养学生应对人口、资源、环境与发展问题的初步能力。义务教育地理课程的实施，必将有助于为国家乃至全球的环境保护和可持续发展培养活跃的、有责任感的公民。

天文课程虽属于高中选修课程，但在帮助学生形成对天文现象的正确认识，激发探索宇宙奥秘的兴趣，逐步建立科学的宇宙观等方面有着重要的意义。天文课程给学生提供了最基本的天文学知识，包括四季星空中星座、星体的辨别，探究星空变化的规律。在学习知识和长期观测星空的过程中，培养学生记录、分析资料并对科学现象进行科学诠释的能力，做到尊重科学、尊重证据。同时，在合作观测与探究过程中体验与他人合作的乐趣，培养学生的团结意识和集体意识。

二、学科课程性质

《义务教育地理课程标准（2011年版）》《高中地理课程标准（2017年版）》明确指出：地理课程是一门兼有自然学科和社会学科性质的基础课程，具有区域性、综合性、思想性、生活性、实践性五大特征。天文课程旨在帮助学生形成对天文现象的正确认识，激发探索宇宙奥秘的兴趣，逐步建立科学的宇宙观。

1. 区域性：指义务教育地理课程内容以区域地理为主，展现各区域的自然与人文特点，阐明不同区域的地理概况、发展差异及区际联系。地理的研究向来都是从大的尺度研究大的规律，从而落实到小的区域指导发展。

2. 综合性：要求研究"和谐地理"课程时，切勿隔断天文、地理各要素之间的联系。地理环境是地球表层各种自然和人文要素相互联系、相互作用而形成的复杂系统。义务教育地理课程初步揭示自然环境各要素之间、自然环境与人类活动之间的复杂关系，从不同角度反映地理环境的综合性。

3. 思想性：天文课程旨在帮助学生建立科学的宇宙观。地理课程、人和课程突出当今社会面临的人口、资源、环境和发展问题，阐明科学的人口观、资源观、环境观和可持续发展的观念，富含热爱家乡、热爱祖国、关注全球，以及可持续发展思想的教育内容。

4. 生活性："地理""人和"课程内容紧密联系生活实际，突出反映学生生活中经常遇到的地理现象和问题，有助于提高学生的生活质量、增强生存能力。天文课程致力于丰富学生课外生活，解答生活中有关天象的疑问。

5. 实践性："和谐地理"课程包含丰富的实践内容，如图表绘制、学具制作、实验、演示、野外观察、社会调查和乡土地理考察、天体观测等，是一门实践性很强的课程。

三、学科课程理念

强调培养德智体美等方面和谐发展的社会主义建设者和接班人是我国的教育目的。《义务教育地理课程标准（2011年版）》明确规定了"和谐地理"课程的基本理念：要学习对生活有用、对终身发展有用的"和谐地理"课程，构建开放的"和谐地理"课程。

1. 学习对生活有用的"和谐地理"课程。"和谐地理"课程选择与生活密切相关的地球与地图、世界地理、中国地理、乡土地理和天文现象等基础知识，引导学生在生活中发现地理问题，理解其形成的地理背景，提升学生的生活品位，增强学生的生存能力。

2. 学习对终身发展有用的"和谐地理"课程。"和谐地理"课程引导学生从地理的视角思考问题，关注自然与社会，使学生逐步形成人地协调与可持续发展的观念，为培养具有地理素养的公民打下基础。

3. 构建开放的"和谐地理"课程。"和谐地理"课程着眼于学生创新意识和实践能力的培养，充分重视校内外课程资源的开发利用，着力拓宽学习空间，倡导多样的地理学习方式，鼓励学生自主学习、合作交流、积极探究。

第二部分　学科课程目标

一、学科课程基本目标

根据教育部相关规定，我们的地理学科课程目标从"天文、地理、人和"这一核心概念出发，主要包括情感态度价值观目标、能力目标、知识目标三个方面。下面从知识与技能、过程与方法、情感态度与价值观三个方面来表述，这三个方面在实施过程中是一个有机的整体。

（一）知识与技能

掌握简单天文工具的使用方法；掌握利用软件、图表等资料描述天体、天体现象的基本技能。掌握地球与地图的基础知识，船初步说明地形、气候等自然地理要素在地理环境形成中的作用以及对人类活动的影响；初步认识人口、经济和文化发展的区域差异。了解家乡、中国及世界的地理概貌，了解家乡与祖国、中国与世界的联系。了解人类所面临的人口、资源、环境和发展等重大问题，初步认识环境与人类活动的相互关系。掌握阅读和使用地球仪、地图的基本技能；掌握获取地理信息并利用文字、图像等形式表达地理信息的基本技能；掌握简单的地理观测、地理实验、地理调查等技能。

（二）过程与方法

通过观测星空、阅读星图、参观天文馆、天文台、拍摄天文现象、制作天文模型，培养学生动手实践、总结归纳、语言表述的能力。通过各种途径感知身边的地理事物、天体、天文现象，积累丰富的地理、天文现象；初步学会根据搜集到的地理信息，通过比较、分析、归纳等思维过程，形成地理概念，归纳地理特征，理解地理规律。运用已获得的地理基本概念和地理基本原理，对地理事物和现象进行分析，作出判断。具有创新意识和实践能力，善于发现地理问题，搜集相关信息，运用有关知识和方法，提出解决问题的设想。运用适当的方式方法，表达、交流地理学习的体会、想法和成果。通过实地调查、采集样本、搜集资料、制订方案等活动，培养学生动手实践、总结归纳、语言表述的能力。

（三）情感、态度与价值观

形成对天文现象的正确认识，激发探索宇宙奥秘的兴趣，逐步建立科学的宇宙观。增强对地理事物和现象的好奇心，提高学习地理的兴趣，以及对地理环境的审美情趣。关心家乡的环境与发展，关心我国的基本地理国情，培养热爱家乡、热爱祖国的情感。尊重世界不同国家的文化和传统，增强民族自尊心、自信心和自豪感，理解国际合作的意义，初步形成全球意识。初步形成尊重自然、与自然和谐相处、因地制宜的意识及可持续发展的观念，增强防范自然灾害、保护环境与资源和遵守相关法律法规的意识，养成关心和爱护地理环境的行为习惯。通过了解环境问题，知道环境保护与修复的措施，形成人地协调的核心价值观。

二、学科课程年段目标

依据《义务教育地理课程标准（2011年版）》中阐述的总体目标的要求，结合本校地理学科七、八年级的教材和教参，我们设置了不同学段的年级目标。下面以七年级为例，阐述学科课程年段目标。（见表2-2-1）

表2-2-1　合肥市五十中学西校"和谐地理"课程年段目标

年　段	仰望星空	俯探地球	人与环境
七年级上学期	在星图、天球仪上认识主要星座，辨认四季星空的主要星座，说出一些星座的地理导向意义。 了解现代天文学工具。 简述太阳系的发现和起源。	用简单的方法演示地球自转和公转。 举例说明地球表面海洋和陆地都在不断的运动和变化之中。 知道板块构造学说的基本观点，说出世界著名山系及火山、地震分布与板块运动的关系。 识别常用的天气符号，能看懂简单的天气图。 用实例说明人类活动对空气质量的影响。	运用资料，说明全球环境的基本问题，以及主要的环境修复原理。 说明我国水资源概况，运用资料说明我国水环境污染的严峻性。 举例说明人口数量过多对环境及社会、经济的影响。 懂得保护世界文化遗产的意义。
七年级下学期	运用太阳系模式图和其他资料，描述太阳系的结构和大行星运动特征。 运用图表、软件等资料，简述地月系的组成及其运动特征。 观察并描述月相、月食、日食、潮汐等现象，并运用图表等资料解释其成因。	运用地图和其他资料，归纳大洲地形、气候、水系特点，简要分析其相互关系。 运用图表说出某地区气候的特点以及气候对当地农业生产和生活的影响。 运用地图和其他资料，联系某国家自然条件特点，简要分析该国因地制宜发展经济的实例。	用实例说明某国家自然环境对民俗的影响。 举例说出某国家与其他国家在经济、贸易、文化等方面的联系。 通过实例，认识不同地域发展水平存在差异。 用实例说明加强国际经济合作的重要性。

第三部分　学科课程框架

依据《义务教育地理课程标准（2011年版）》要求，依据五十中学西校"和谐地理"课程理念，结合学生学情状况，我们构建全面的"和谐地理"

课程体系，力争让五十中学西校课程枝繁叶茂，有效提升学生综合学科核心素养。

一、学科课程结构

"和谐地理"课程是天文、地理、人和学科的综合，体现了人地和谐的基本思想。旨在培养学生具有初步的创新精神、创新能力、实践能力、科学和人文素养，以及环境意识。特别培养学生"具有初步的科学与人文素养、环境意识、创新精神和实践能力，养成爱国主义情感，形成初步全球意识和可持续发展观念"。

"和谐地理"课程作为人文学科的核心之一，拥有丰富深远的人文素养的教育资源，尤其在陶冶人格、开阔视野、开拓创新等方面能够对学生发挥重要作用。

地理课程和人和课程培养学生从地理视角认识和欣赏自然与人文环境，懂得人与自然和谐共生的道理，提高生活品位和精神境界。为培养德智体美劳全面发展的社会主义建设者和接班人奠定基础。基于此，五十中学西校"和谐地理"课程分为：仰望星空、俯察地球、人与环境，并绘制学科课程结构图。（见图2-2-1）

图2-2-1 合肥市五十中学西校"和谐地理"课程结构图

（一）仰望星空

内容主要为"探天象之文"，即天文课程。旨在通过相关课程的学习，帮助学生形成对天文现象的正确认识，激发探索宇宙奥秘的兴趣，逐步建立科学的宇宙观。天文课程给学生提供了最基本的天文学知识，包括四季星空中星座、星体的辨别，探究星空变化的规律。

（二）俯探地球

内容主要为"究地球之理"，即地理课程。旨在引导初中生从地理的视角认识和欣赏我们所生存的这个世界，从而提升生活品位和精神体验层次，增强学生对地理环境的理解力和适应能力；培养初中生形成正确的情感态度与价值观和良好的行为习惯。

（三）人与环境

内容主要为"晓人地之和"，即人和课程。旨在培养学生认知和应对人口、资源、环境与发展四者之间关系的初步能力。义务教育阶段人和课程的实施，对于国家乃至全球的环境保护和可持续发展培养有责任感的公民具有积极意义。

二、学科课程设置

五十中学西校"和谐地理"课程按照各年级有主题，有层次、有广度地开发了各年级的拓展课程。（见表2-2-2）

表2-2-2　合肥市五十中学西校"和谐地理"拓展类课程设置表

学段 \ 课程内容	仰望星空	俯察地球	人与环境
七年级上学期	课程招新 天文望远镜 秋季星空 冬季星空	课程招新 地球仪制作 校园平面图绘制 认识地球	课程招新 大气污染的危害 水污染的危害 土壤污染类型
七年级下学期	春季星空 夏季星空 十二星座	认识区域 水循环 洋流的意义	全球气候变暖 酸雨的危害 臭氧层破坏的原因
八年级上学期	星星有约 追星之旅 天文讲座	中国版图绘制 地名听写大赛 大气垂直分层	低碳出行 污水防治 保卫地球

续 表

学段 \ 课程内容	仰望星空	俯察地球	人与环境
八年级下学期	星空物语 太阳系 小小天文家	认识岩石 地壳物质循环 地球小博士	垃圾分类 绿水青山 环保小达人

第四部分 学科课程实施

"和谐地理"课程，将课程内容与学生的年龄特点和需求有机结合，满足了学生的多元化学习需求，为每个学生提供了适合自身发展需要的平台，丰富了他们的人生体验，拓展了学习的新空间。为实现学生的可持续发展，课程在五十中学西校七年级到八年级全面实施，在不同的学习阶段，针对学生学习特点，安排了不同的课程，从课堂教学、地理社团、地理实践这三个方面入手，从不同角度让学生系统地学习，并实现课程的顺利实施。

一、打造"多维课堂"，推进课程有效实施

"多维课堂"的本质是促进学生的发展。它是学生自主、合作与探究学习的主阵地。"多维课堂"面向全体学生，同时注重因材施教，关注每一名学生的个性并力求合理引导。"多维课堂"使每一名学生都能主动自觉地投入到丰富多彩的学习天地，感受地理学习的魅力，享受地理学习的乐趣。

1. "多维课堂"是以学生为主题的课堂。"多维课堂"将充足的时间和空间还给学生，尊重学生的个性发展，发挥学生的灵性，激活课堂，课堂因学生的主动参与才显得富有活力和灵气，让学生感受地理之美，享受学习之乐。

2. "多维课堂"是学科魅力尽情释放的课堂。地理学科内容丰富、包罗万象，综合性很强。基于此，地理教师在课堂教学时，需要关注学生的兴趣点，激发学生的求知欲，提高学生的思维品质和探究水平，让学生通过在地理课堂上的学习，对地理学科产生浓厚兴趣，学习对生活有用的地理知识与技能，为学生的可持续发展打下良好的基础。

3. "多维课堂"是能够彰显立德树人价值的课堂。学生在地理课堂上，获得的不仅仅是地理知识和地理思维能力，更重要的是要树立正确的价值观、人生观和人地协调观，使这些观念能够广泛传播，这才能充分体现地理学科的立德育人价值。

二、建立"多维社团"，激发学生学习兴趣

"多维社团"即"天、地、人社团"，是实施地理学科课程的重要阵地。"多维社团"以探究学习为核心，充分利用学校自建的天象馆、社团教室等场地，采用学生喜欢的学习形式来探究地理知识，体验地理学科价值。我们的"多维社团"作为学校品质课程文化建设的重要组成部分，起到对校园文化建设的内在推动、有效整合与良好示范的作用。

1. 天文社团。浩瀚宇宙，斗转星移，万千气象。五十中学西校"天文"社团成立的初衷是宣传天文知识，探索星空奥秘，使学生深刻意识到人类是宇宙中的一分子，树立大宇宙意识。我们的天文社团充分利用学校自建的天象馆，模拟不同纬度及不同季节的星空景象，带领学生认识不同星座出现的季节、位置、形状与组成，了解与星座有关的神话传说及背后所展示的不同民族的文化内涵，扩宽学生的视野，使学生树立更广阔时空背景下的感知，感受天文之美、宇宙之奇，激发出对天文学的兴趣。

2. 地理社团。地理知识包罗万象，视野宏观，思维综合。五十中学西校"地理"社团立足于课本内容，在课堂教学的同时，同步推进对课本内容的深入与升华。"地理"社团活动，内容涉及自然与人文地理两大类，分别从宇宙知识、海洋知识、地图运用、国外与国内各地风土人情介绍，防灾知识学习，人口问题探究，地理与各学科综合联系与应用等方面，让学生全方位感受地理学科魅力，并在活动过程中有效渗入学习对生活有用的地理的学科理念，使学生感受到地理学科的价值，培养学生地理学习的兴趣。同时"地理"社团与地理课堂教学可以有机融合，能够有效辅助日常地理课堂教学，使学生能从不同视角，不同时空尺度，不同思考深度及广度认识课本知识，感受课本字里行间传达出的态度与情感。

3. 人和社团。地球是我家，爱护靠大家。五十中学西校"人和"社团成立的初衷是为了更好地宣传人地和谐、生态环保的理念，贯彻生态育德的教

育思想。通过了解各类全球公害事件，参与各种有关环境、资源等纪念日活动，让学生更深刻地感受到人类与地球共存共生的关系，树立人类命运共同体的观念。"人和"社团活动通过思考、设计、实践各种不同的节能环保项目，增强学生的动手实践能力，并将环保思想进一步宣传、普及，培养学生作为地球公民的责任感。

三、开展"多维实践"，推动学习方式多样化

"多维实践"的本质就是学生将课本所学的理论知识与生活实际有效结合，目的是培养学生的综合实践能力。学生在实践中发现问题、分析问题并最终解决问题。在实践中，学生的综合能力得以有效训练。学生参与到具体的学习与生活中，主动发现问题，调查研究、动手实践，解决问题，从而培养乐于探索、主动探究、有效解决问题的能力，并形成相关的研究成果和作品，使学习方式和学习成果多样化呈现。

开展"多维实践"活动，引领学生充分认识地理的趣味性，将地理实践探究与学习相融合，激发兴趣，培养个性特长，增强思维能力、动手能力和创新能力。

四、设立"多维竞赛"，提升学科影响力

"多维竞赛"是以竞赛为手段开展的形式多样、面向全体学生的具有学科特性的各种比赛活动。利用丰富多彩的竞赛项目，提升理性认知，搭建学习和研讨的平台，在交流中促进学生增强认识，增强能力，初步构建学科知识体系，并提升学科在学生心目中的地位。

"多维竞赛"能够以赛促学。让中小学生适度地参加比赛，对学生而言是一种很好的锻炼。根据五十中学西校实际，结合本课程特色与教学进度，竞赛活动按主题有序进行。在七年级开展天文知识竞答，我的星空我做主，绘制校园平面图比赛，制作地球模型比赛，八年级绘制中国地图比赛，制作演示实验模型、道具大赛（如黄土高原地区水土流失模拟实验），还有全校学生可共同参与的地名听写大赛，天文知识讲座，各类环保日主题签名与演讲比赛（例如世界环境日签名活动、校园内垃圾分类等主题宣讲比赛），地球小博士主题小论文评选，节能环保项目设计比赛，人口、资源等主题辩论

赛，各种主题手抄报比赛等。竞赛评选出的优秀选手和优秀作品向上推送，争取在更高一级平台展示五十中学西校学生风采，从而激励学生更积极地投入各类竞赛，在竞赛中快速成长。

综上所述，五十中学西校"和谐地理"课程建设致力于以生为本、遵循学习对生活有用，对终身发展有用，构建开放的课程理念来开发课程资源，不断提高学生认知水平，丰富学校课程内容，丰富地理学科内涵与品位，全面推进课程实施，让学校的校园文化更加多姿多彩。

（撰稿者：谭业东　汤燕　胡志杰　张盼奥）

第三章

质量结构：
学科课程的整体框架

有质量的学科课程框架是打造学校品牌课程的关键。打造具有生长性的学科课程框架，要结合学校发展、师资情况和学生实际，充分满足学生成长需求，符合学生的认知规律，形成分类科学、布局合理的学科课程体系。

"质量结构"着眼于课程内部各类型、各要素和各成分之间合乎规律的组织形式，它是课程目标转化为教育成果的重要纽带。《关于深化教育体制机制改革的意见》指出，各级各类教育要更加符合教育规律、更加符合人才成长规律、更加促进人的全面发展，着力培养德智体美劳全面发展的社会主义建设者和接班人。为落实这一要求，五十中学西校在完成国家学科课程基本要求的前提下，结合学校实际，建构聚焦质量的学科课程整体框架，形成了具有五十中学西校特色的学科课程群。

学科课程的整体框架更加完备健全。五十中学西校在"L-O-V-E"学校课程设置的基础上，将学科课程群主要分为微德育、全拓展、新体艺和大科学四个板块。微德育板块在学校"大爱于心，致真于行"办学理念的指引下，教育和引导学生树立规则意识、法治观念、公民意识，养成热爱劳动、自主自立、意志坚强的生活态度，形成尊重他人、乐于助人、善于合作、勇于创新等良好品质。实现了五十中学西校把"爱的教育"发扬光大的教育理念。全拓展板块以国家基础性课程为基础，开发了个性化拓展课程。以"1+X"模式建构。建立的课程群目前主要包括语文，数学，英语，道德与法治，历史，地理，生物学，物理，化学和新教师课程群。全拓展板块结合了五十中学西校的育人优势与特征，将国家课程与地方课程真正实现校本化，与学生的实际紧密结合，打造具有五十中学西校特色的学科课程，基于"爱"和"真"的教育理念，建构有温度的课程框架，为学生的成长、成功奠基。新体艺板块包括美术，音乐，体育学科课程群，它是充满活力的体育与艺术课程群，旨在陶冶情操，发现美、感受美，发展个性特长，成就多才多艺。大科学板块包括大科学课程群，积极打造开放的有创造力的科学思维培养课程群。五十中学西校开设了"钱学森班课程""博士课程""科技创新课程""创客动手做课程""信息学课程""机器人课程"等。致力于培养学生的科技创新意识、信息素养、科学探索精神和科技动手能力。

学科课程的整体框架更加科学规范。每一板块内单独的学科课程群包含课程哲学、课程目标、课程框架、课程实施与评价、课程管理五个部分。那么，五十中学西校学科课程群是如何建构每一学科的课程群框架呢？以"魅力英语"学科课程群为例，为了既达到国家课程标准对学生语言知识、语言能力、情感态度、学习策略、文化意识培养的目标，又能够结合五十中学西校"爱"与"真"的育人特色，五十中学西校建构了如下五个部分的英语学科课程群框架："声临其境""妙不可言""美文赏析""快乐写作""走向未来"。"声临其境"从儿歌到流行曲，从绘本到儿童文学，从经典动画到英美大片，逐渐提升孩子的听说读写能力。"妙不可言"鼓励学生做会表达的人，通过趣配音、英语剧、猜谜语等活动拓展学生思维。"美文赏析"引导学生畅游书海，切实感悟"开卷有益"，五十中学西校有丰富多样的书籍供学生选择，使学生畅游在书的海洋。"快乐写作"训练学生写的能力，使学生通过日常训练，实现规范书写，行文美观；同时，以读促写，提高写作能力。"走向未来"提高学生综合语言运用水平。五十中学西校历来定期开展课本舞台剧、小小演说家、英语嘉年华等活动，为学生提供高质量的用英语交流、沟通和做事的机会。

五十中学西校学科课程群框架的建构以国家课程标准为底色，并结合了校情、师情和学情，各学科教师通过精心设计，认真落实，让每一个学生都获得适宜的、高效的发展，努力展现五十中学西校的育人特色。

（撰稿者：胡志杰　卯燕玲）

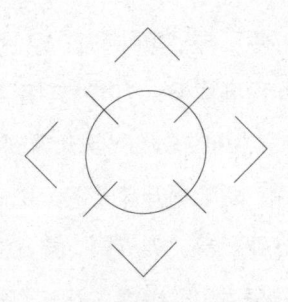

魅力英语：开启魅力学习之旅

五十中学西校英语教研组由七、八、九年级 3 个备课组组成，有英语教师 35 人，其中高级教师 5 人，占教师总数的 15%。现有市级骨干教师 2 人，占比 5%，学科带头人多名，多人在省、市、区各级优质课、基本功大赛中获奖，其中获国家级奖项的有 10 人，占比 29%，获得省市级奖项的有 26 人，占比 75%，是一个队伍优良、师资力量雄厚的教研组。我们依据《义务教育英语课程标准（2011 年版）》要求，推进英语学科课程建设。

第一部分 学科课程哲学

一、学科性质

《义务教育英语课程标准（2011 年版）》关于英语学科性质提出：义务教育阶段的英语课程具有工具性和人文性双重性质。就工具性而言，英语课程承担培养学生基本英语素养的任务，即学生通过英语课程掌握基本的英语语言知识，发展基本的英语听说读写技能，形成用英语与他人交流的能力，为今后继续学习英语和用英语学习其他相关科学文化知识奠定基础。就人文性而言，英语课程承担着提高学生综合人文素养的任务，即学生通过英语课程能够开阔视野，丰富生活经历，发展跨文化意识，促进创新思维，形成良好品格和正确价值观，为终身学习奠定基础。学习英语能帮助学生形成开放、包容的性格，发展跨文化交流的意识和能力，形成正确的人生观、价值观和良好的人文素养，为其未来参与知识创新和科技创新储备能力，为未来更好地适应世界多极化、经济全球化以及信息化奠定基础。

为更好地契合英语课程标准的要求，我校结合课程实践情况与学校文化，提出"魅力英语"课程。在英语教学中，以语言的交际应用为落脚点，辅以语言本身的或背后文化的教育，结合现代教育背景下的文化观点，让学生充分感受语言的神奇与魅力，丰富学生的学习生活与眼界，内化优秀的知识与文化，提供给学生在课堂上应用语言知识的机会，促进学生语言能力与人文素养的双向成长。

二、学科课程理念

我校英语组在不断的教学实践中，结合英语学科的特点，经过反复研讨，合力制定出了"魅力英语"——Magnetic English 课程群，借助阶梯状课程形式，激励学生通过体验和探索，轻松愉悦地内化知识，历练能力。"魅力英语"——Magnetic English，是结合现代信息技术，将语言教育与文化教育相结合，为学生搭建自我展示的舞台，让学生在充满吸引力的氛围里学习与成长的一门课程。我们的学科课程理念是：

M 即 magic，魅力英语能通过课程设置，让孩子在英语学习过程中，充分感受英语语言的神奇魔法和力量，在充满吸引力的氛围中，让孩子体会到学习的快乐和神奇。

N 即 net，孩子们在学习中合理借助网络进行文字阅读，图片查看，影音播放等功能，体会充满魅力的学习氛围及生活的丰富与美好。

I 即 interpret，当孩子学习的知识达到一定高度，即需要提供机会给他们展示、表演，知识由输入转化为语言的输出，用文字去描写、用感情去体会、用语言表达自己的内心世界，达到交流的游刃有余。

C 即 culture and communication，孩子们通过学习吸收各国先进科技和文明思想，鉴赏中外优秀文化，促进世界文化交流，弘扬中国优良传统和优秀文化，达到语言与文化的融会贯通。

综上所述，汇总为一句话： This magic net interprets culture.

我们的课程根据听说读写分为五个部分：

1. "声临其境"：结合畅听环节中的娓娓动听、美音英韵、异域风情、佳片有约等课程，由教师指导学生亲身体验、实践，灵活运用小组竞争和合作等方法，帮助学生增强语言运用能力，在自身情感态度的支撑下，感受语言魅力，逐步形成有效的学习策略，发挥自主学习能力。

2. "妙不可言"：结合妙说环节中的绘声绘色讲故事、我说说你猜猜、听听我来唱等活动，在教学环节中对语言学习过程优化设计，提供学习和展示的机会，提高学生学习效率，让学生在自我表现中获取学习的动力和策略，增加自身魅力的同时逐步提高语言输出水平。

3. "美文赏析"：结合悦读环节中的名著欣赏、名人传记、英文诗歌、星海拾贝等活动，利用英语美文，培养孩子学会赏析优美的文采，体验中外文化差异，丰富孩子的想象力，提高他们的人文素养及个人魅力，增进国际友谊。

4. "快乐写作"：结合乐写环节中的小小书法家、单词小达人、妙笔生花、秀我手抄报等活动，引导孩子通过写作和表达，利用各种课标要求的话题展开训练，激发孩子对语言学习和表达的兴趣，促进他们的自主学习能力和健康人格的发展，在魅力人生中享受学习的乐趣。

5. "走向未来"：结合美言环节中的课本舞台剧、世界之窗、小小演说家、小舞台大人生、英语嘉年华等活动，根据教和学的需求，提供适合学生学情的、贴近日常生活的和紧跟时代步伐的英语学习资源，为孩子未来发展奠定坚实基础，让孩子们逐步形成终身学习的习惯，让自己的生活充满魅力。

第二部分 学科课程目标

依据《义务教育英语课程标准（2011年版）》，初中阶段英语的学习需要达到3—5级的课程目标。结合英语学科素养，"魅力英语"课程目标划分为总目标和分年级目标。

一、学科课程总体目标

依据《义务教育英语课程标准（2011年版）》，我们将"魅力英语"课程总目标分为：语言能力目标、语言知识目标、情感态度目标、学习策略目标、文化意识目标。①

（一）语言能力目标

语言技能是语言运用能力的重要组成部分，是对听、说、读、写等技能的综合运用。处在初中阶段的学生有必要通过大量的、不同形式的专项和综合性语言实践活动，形成综合语言运用能力，达到真实的语言交际的目的。基于此，我校根据不同年龄段学生的认知特点，"魅力英语"开设了以下课程：英文歌曲、英语书法、英语趣配音、课本舞台剧、猜谜语、英文诗歌、传统文化介绍欣赏、英文故事大赛、演讲比赛、名著欣赏以及名人传记，在这些载体的引领下，学生预计能够提升语言综合运用的能力。

听：能在课程活动中听懂接近自然语速、熟悉话题的简单语句或者故事，获取主要信息和观点。能在听的过程中用适当的方式做出反应，并进行简单的记录。

说：能口头描述自己或者他人的经历，在配音比赛、舞台剧、英语故事大赛，以及演讲比赛中做到语音、语调自然正确，语气恰当，同时能以流畅的语言作为沟通的工具表达观点，表演短剧。

读：具备一定的辨认和理解书面语言的能力。能基本无障碍连贯地朗读文章，理解段落和句子的逻辑关系，运用简单的阅读策略获取主旨大意和细节信息。在英文诗歌、传统文化欣赏，以及名著欣赏的阅读中养成按意群阅读的习惯。培养在上下文中推测此意的能力。

写：能正确使用标点符号；能用正确的句子描述图片、海报等；能根据写作要求，搜集和准备素材；养成有写必有检查的好习惯。

（二）语言知识目标

学生能够掌握并学会使用 1 500—1 600 个单词和 200—300 个习惯用语或者固定搭配。在课程活动中体会和领悟语言形式的表意功能，学会用恰当的语言形式说故事、表演舞台剧等。

（三）情感态度目标

学习英语成功的关键之一是积极的学习态度。我们通过不同的趣味活动

---

① 中华人民共和国教育部. 义务教育英语课程标准（2011 年版）[S]. 北京：北京师范大学出版社，2012：2.

激发并强化学生的学习热情，让更多的学生参与活动，树立自信心，培养学生与他人合作的意识，养成和谐和健康向上的品格。

（四）学习策略目标

英语学习策略包括认知策略、调控策略、交际策略和资源策略等。通过课程的活动，学生需要培养集中注意力，善于记要点，积极思考，主动探究的能力。学会积极探索适合自己的英语学习方法；在交际中遇到困难时，能有效地寻求帮助；学会利用图书馆或者学习工具书查找需要的信息。

（五）文化意识目标

英语文化即是英语国家的历史、地理、风土人情、传统习俗、伦理道德、生活方式、文学艺术、宗教规范和价值观念等。通过课程的活动，学生将增强中外文化异同的敏感度和鉴别能力，为培养世界意识，形成跨文化交际能力打下基础。

二、学科课程年段目标

依据《义务教育英语课程标准（2011年版）》的要求，结合我校英语学科课程，我们设置了七年级到九年级的课程目标。这里，我们以七年级为例，阐述学科课程年段目标。（见表3-1-1）

表3-1-1　合肥市五十中学西校七年级—九年级英语课程目标

学段	上学期目标	下学期目标
七年级	1. 能在教师的帮助下用简单的英语描述图片或用简单的语言描述自己或他人的经历，会描述自己或他人的外貌；能在教师的指导下参与角色扮演；能在口语活动中使用正确的语音语调。 2. 能理解并执行有关学习活动的简短书面指令，从简单的文章中找出相关信息，理解大意；能初步使用简单的工具书。 3. 对所学内容能主动复习，并加以整理和归纳。必要时能有效借助母语知识理解英语。	1. 能够掌握与七年级话题情境相关的700—800个单词和100—150个习惯用语或固定搭配。 2. 形成自己对中西方文化差异的认知，了解英语国家的文化背景如饮食习惯、人际交往习俗等。 3. 能在交流中用英语介绍祖国文化，对祖国文化能有更深刻的了解。 4. 在小学四年或六年的学习基础上，通过初中七年级一年循序渐进、由浅入深的学习后，能够形成英语的综合语言运用能力和自主调控学习能力。

第三部分 学科课程框架

基于我校英语学科 This magic net interprets culture 的理念，为了实现上述课程目标，我们整合校内外学习资源，构建我校的"魅力英语"课程体系。

一、学科课程结构

《义务教育英语课程标准（2011年版）》指出：义务教育阶段英语课程的总体目标是培养学生初步的综合语言运用能力，并通过英语学习促进学生的心智发展，提高学生的综合人文素养。结合校情、生情，我校"魅力英语"课程主要从听说读写、文化交流与学习实践出发，分为声临其境、妙不可言、美文赏析、快乐写作、走向未来五个板块进行建构。（见图3-1-1）

图3-1-1 合肥市五十中学西校"魅力英语"课程结构图

上图中，各板块课程具体表述如下：

"声临其境"唤醒学生们的耳朵。从儿歌到流行曲，从绘本到儿童文学，从经典动画到英美大片，逐层升级。

"妙不可言"鼓励学生做会表达的人才。从精选的动画中截取片段进行配音，了解中国优秀的传统文化、讲好中国故事。同时发挥同伴的作用，开展猜谜语活动，拓展学生的思维。搭建舞台，给学生用歌声表达心声的机会。

"美文赏析"引导学生畅游书海。从图多字少的绘本，到图文并茂的分级读物，再到纯文字阅读，让学生切实感悟到"开卷有益"，从而养成每日阅读的习惯。

"快乐写作"训练学生写的能力。从形式入手，包括规范地书写每个字母、单词、句子逐步过渡到行文美观；从内容入手，以读促写，逐渐扩大词汇量，丰富句式，尝试各种文体。

"走向未来"提高学生综合语言运用能力。教会学生使用语言是重要教学目的之一，通过课本舞台剧、世界之窗、小小演说家和英语嘉年华等活动给学生用英语交流、沟通和做事的机会，从而达到学以致用的目的。

二、"魅力英语"课程设置

"魅力英语"课程依据《义务教育英语课程标准（2011年版）》，结合校情、生情，各年级教师通过创设轻松、和谐的语言环境，利用听、说、读、写、演等教学手段对学生进行英语语言浸润式教学。课程设置及框架见表3-1-2。

表3-1-2 合肥市五十中学西校"魅力英语"课程设置表

年级	学期	畅听	妙说	悦读	乐写	美言
七年级	上学期	娓娓动听	歌声嘹亮	名人名言	书法 单词接龙	文化广场
	下学期	美音英韵	我说你猜	英美谚语	手抄报	世界之窗
八年级	上学期	佳片有约	趣配音	脑筋 急转弯	宣传海报	课本剧
	下学期	美音英韵	讲故事	名人传记	妙笔生花	演讲比赛
九年级	上学期	异域风情	英文 歌曲比赛	英文诗歌	快乐写作	英语 嘉年华
	下学期	星海拾贝	即席演讲	英美文学	专题写作	世界之窗

第四部分　学科课程实施与评价

《义务教育英语课程标准（2011年版）》对课程的教学有以下规定：面向全体学生，营造良好的语言学习环境；注重语言实践，加强对学生语言运用能力的培养；注重学习策略的指导，让学生自主学习能力得以提高；在培养学生的跨文化意识的同时发展跨文化交际能力；若实际教学需要，可创造性地使用教材；合理有效地利用各种教育资源来提高学生的学习效率；通过组织生动活泼的课外活动来促进学生的英语学习。我校"魅力英语"课程秉持"人文精神，寓教于乐，对话世界"的理念，在推进国家课程有效实施的基础上，加快校本课程探索，我们推出"魅力课堂""魅力拓展"、富有特色的"魅力社团"和丰富多彩的"魅力之旅"活动，为学生提供自我展示的平台，激发学生的学习兴趣，提高学生综合语言运用能力，开阔学生的视野，拓展学生的文化内涵与立体思维，促进跨文化交际意识与能力的发展。

一、打造"魅力课堂"，推进英语课程实施

"魅力课堂"关注趣味引导，充分调动学生的主观能动性；课堂教学不仅仅关注知识性，更关注学生文化品格、思维能力与人文精神的培养，用学生喜欢的方式和角度将他们带入英语世界，架起跨文化交际的桥梁。"魅力课堂"寓教于乐，以学生为主体，切实落实英语学习目标，提高学生的语言综合运用能力，发展学生的立体思维与人文素养。

（一）"魅力课堂"的实践与操作

根据《义务教育英语课程标准（2011年版）》对于学科核心素养的界定和要求，我校"魅力课堂"开设了如下特色活动：小小书法家、单词达人、妙笔生花、秀我手抄报。

小小书法家，要求学生能注意书写的格式，比如大小写、字体、标点、间隔等，养成良好正确的书写习惯；通过追随优美的文字，养成静、雅、正等良好的操行与品德。书写美词、美句、美文，注重书写格式与规则，内容可以从学期内学习的诗歌篇目中摘取，也可拓展延伸。

单词达人，通过学习，学生能在合作伙伴的指引下完成单词的快速拼写和接龙，扩大词汇量；使学生的积极性得以调动，合作意识、团队精神都有更深层次的提高。以快速拼写、单词接龙、单词的规范书写等多种形式设计活动。

妙笔生花，依据课标中话题，以记叙文、议论文、说明文为体裁，选择紧密结合生活与学习的话题，如描述自己或他人的经历、讨论如何面对考试压力、介绍中西方的一个节日等话题，分层设置写作任务，学生在课程活动中学会尝试运用语篇的衔接手段构建书面语篇；掌握写作技巧，进一步提高写作能力，增强对语篇的整体性、连贯性和逻辑性的理解能力，逐步培养学生正确掌握写作步骤（审-列-扩-连-改-写）；循序渐进地培养热爱生活与学习的积极态度，提高人文素养。

秀我手抄报，通过活动，学生学会使用所学的单词和语言结构表达自己的情感态度和价值观念；培养学生积极思考的能力和关爱自然、关爱人类生存发展和幸福的大局意识和全球意识。以保护濒危动物、节约用水等为主题，制作出手抄报并展示。

（二）"魅力课堂"的评价要求和标准

基于对英语课程标准中有关"评价建议"的相关内容和科学、合理、激励式的评价原则的考虑，提出"魅力课堂"的评价标准。（见表3-1-3）

表3-1-3 合肥市五十中学西校"魅力课堂"的评价表

评价内容	评价标准	评价等级
妙笔生花	1. 课堂纪律良好，认真听讲，发言大胆积极。 2. 在教学的适当环节引入竞争机制，从单词、课文朗读、对话表演等方面；同时注重小组活动中所体现出的合作精神，信息交流能力。	每周统计1次，以量化表为准。对表现好的学生给予奖励，设置具体奖项名称及相对应的奖项，奖励1张奖状。发挥对学生的激励和导向作用。以A\B\C\D为等级标准。
小小书法家	1. 作业完成认真，能按时书写并及时上交。 2. 作业干净、整洁、规范，态度端正。 3. 作业出现错误少或出现的错误能及时订正。	每两周统计一次，共记10次，以量化表为准。完成书面作业并干净、认真，得A。按时完成，但是不太认真，得B\C。不能按时完成，得D。

续表

评价内容	评价标准	评价等级
单词达人	1. 按时完成听读打卡作业，每周至少2次。 2. 按时完成配音，每周至少1次。 3. 按时上传小视频，每周至少1次。	以听读表为标准，完成1次听读作业得1个优，听读作业都完成，得A；完成1/2的，为B；完成1/3的，为C；基本没完成的为D。期末依据听读表统计。

二、倡导"魅力课程"，丰富英语学科课程内容。

拓展活动以趣味为导向，涉及多维度的活动，充分发挥学生的自主性，在学习中发现课堂的乐趣，同时提升自我。教师依据课程目标，深入了解学生的身心发展和认知规律，设计合理有趣的教学活动。尊重学生的认知水平与知识能力，架构合理的发展空间与平台，让学生观察总结问题、思考解决问题，感受获得知识与成功的乐趣，增强学习兴趣。"魅力课程"流程是自主探究、合作答疑、展示反馈、达标测评，每个流程中包含自学、反思、总结等内容，真正让学生内化所学到的东西，在参与中体验、感悟、享受和发展，真正成为学习的主体。"魅力课程"结合小组活动，学生在学习中形成自己初步的看法与见解，在交流中丰富自己，在总结中反思自己。

（一）"魅力课程"的基本要求

我们把"魅力课程"分为星海拾贝、名著欣赏、名人传记、英文诗歌。

星海拾贝，通过对比学习中西方优秀文化，内化优秀的文化与精神，培养跨文化交际的能力。让学生的语言储备得以扩充，能在语境中正确使用单词，感受英文语言魅力；开展赏、读中西方名人名言（孔子、莎士比亚）和妙译谚语的活动，讲英文小笑话、脑筋急转弯等多种形式活动。

名著欣赏和名人传记，孩子通过阅读英语经典作品，逐渐理解和欣赏外国经典名著，并对所学内容进行复习、归纳并写出书评，提高语言的综合运用能力；培养良好的文化品格，提高对外国文化的理解和对优秀文化的认同，加强人文修养。

在教学中引导学生阅读莎士比亚、马克·吐温等名人作品并写出书评，如《哈姆雷特》《汤姆·索亚历险记》等。并从科学、教育、医疗、体育等领域选择名人传记阅读。能主动积极地思考问题，能准确概括信息，能用所学知识描写相关名人；让学生的思维和人文素养都有不同程度的提高。

英文诗歌，培养学生体会英语语言的魅力，提高语言的感知与鉴赏能力；词汇量有一定的积累，并了解词汇在语境中的准确使用；通过模仿诵读，把知识和语法生动内化。每学期诵读经典诗歌，主要摘自雪莱、叶芝、布朗宁等人的经典著作，模仿编写诗歌，感受语言的美感与韵律。

（二）"魅力课程"的评价要求

魅力课程的评价应充分倡导课程标准中有关评价部分的实施意见，将过程性评价与结果性评价结合起来，重视学生最后学习成果的产出，将学生的自我评价与教师的评价相结合，充分发挥评价的机理作用。基于以上考量，提出"魅力课程"的评价标准。（见表3-1-4）

表3-1-4　合肥市五十中学西校"魅力课程"评价表

形式	评价内容	评价标准及等级
课外拓展学习评价	英文诗歌	1. 每两周按时完成得A； 2. 完成1/2的，为B； 3. 完成1/3的，为C； 4. 基本没完成的为D； 期末依据听读表统计。
	名著欣赏	1. 每周完成阅读两个章节，得A； 2. 完成一个章节，为B； 3. 完成半个章节的，为C； 4. 基本没完成的为D。
	名人传记	1. 根据比赛成绩分为一、二、三等奖； 2. 获一等奖的为A； 3. 获二等奖的为B； 4. 获三等奖的为C、D。
	星海拾贝	1. 根据比赛成绩分为一、二、三等奖； 2. 获一等奖的为A； 3. 获二等奖的为B； 4. 获三等奖的为C、D。

三、建立"魅力社团"，享受英语学习的快乐

"魅力社团"促进学生的立体发展。通过多种形式的、富有趣味的课外

活动,激发学生学习英语的兴趣,使他们感受并发现语言的魅力,也使他们懂得享受语言学习的乐趣。围绕英语学科核心素养,全方位发展学生的语言综合能力。根据各个年龄层段的学生的认知与能力特点,各个年级开展的活动各有侧重点。针对七年级学生,我们注重听、说、看的能力培养,组织丰富多彩的相关活动,比如唱歌、配音等活动;在听、说、看的基础上辅以读、写等内容,致力于夯实基础、养成良好习惯。针对八年级学生,我们注重进一步强化阅读与口头表达,强调语言的综合运用。针对九年级学生,我们将重心放在综合运用与交际,此时书面表达与交际能力的培养是重点。除此之外,人文关怀应该贯穿课程的始终,我们致力于发展学生的立体思维、培养学生的文化品格,为他们提供观察世界、学习优秀文化与精神的窗口。

(一)"魅力社团"的类别与实施

"魅力社团"包括了英语趣配音社团、猜谜语社团、英语故事会、课本舞台剧社团、小小演说家社团、听听我来唱社团、小舞台大人生社团等。

在英语趣配音社团中,带领学生观摩精选影片,多选择迪士尼系列电影,并选择其中片段配音并展示,学会精听,提高语言感知能力,并通过模仿去学习语言的语音、语调与风格。

在猜谜语社团中,要求学生能进行同种意思多种表达,融会贯通已学到的知识;寓教于乐,锻炼语言组织能力与英语思维能力,并能结合课本,描述人物、动物、建筑、风景等事物,并猜测出正确的答案。

在课本舞台剧社团中,通过欣赏、学习、模仿和借鉴经典故事,能深刻挖掘故事情节与理解背后的文化内涵。

在小小演说家社团中,选择课标中的话题及社会热门话题,如保护环境、健康运动、热爱阅读、手机对学生的利弊等。能用所学的知识表达自己的观点;激发学生学习英语的热情,提高英语口语训练的积极性;发展学生的逻辑思维,培养正确的价值观念和道德情感。

在英语故事会社团中,学生通过赏析名著经典,深入挖掘故事情节与文化内涵。

在听听我来唱社团中,通过欣赏、学习优美明快的歌曲,模仿英文语句的发音,感受语音语调,培养语感。

（二）"魅力社团"的评价要求

在对"魅力社团"进行评价时，应注重过程性评价，关注学生多方面能力、素质的提升，关注学生合作学习能力、交流沟通能力；倡导多元评价，以生生评价为主，激发学生参加社团活动的兴趣。具体评价内容和标准见下表 3-1-5。

表 3-1-5　合肥市五十中学西校"魅力社团"评价表

评价内容	评价标准及等级
猜谜语、听听我来唱、小小演说家	A 档：展示时语音语调标准，朗读自然流畅，整体有 2 处以内错误； B 档：展示时语音语调较标准，朗读较流畅，整体有 3—5 处错误； C 档：展示时语音语调不标准，朗读不流畅，整体有 5—8 处错误； D 档：展示时语音语调极不标准，朗读极不流畅，整体有 8 处以上错误。 该项成绩录入英语评价量化表中口语测试的语音语调一栏。
英语趣配音、英语故事会、课本舞台剧、小舞台大人生	A 档：能借助图片读懂简单的故事或小短文；能理解并解释图表提供的信息能找出文章的主题；理解故事的情节，能利用词典等工具书进行阅读； B 档：较能借助图片读懂简单的故事或小短文；较能理解并解释图表提供的信息；较能找出文章的主题，理解故事的情节，能利用词典等工具书进行阅读； C 档：较能借助图片读懂简单的故事或小短文；部分图表提供的信息不能理解；部分文章的主题，故事的情节不能理解，较能利用词典等工具书进行阅读； D 档：不能借助图片读懂简单的故事或小短文；不能理解并解释图表提供的信息；不能找出文章的主题，理解故事的情节，不能利用词典等工具书进行阅读。

四、组织"魅力之旅"，激发学生终身学习的能力

"魅力之旅"是"魅力英语"课程的重要组成部分，其目的是通过各种学习和活动使学生在英语学习过程中不断体验进步与成功，认识自我，建立自信，调整学习策略，以此促进学生英语学科核心素养的全面发展。我们紧紧围绕《义务教育英语课程标准（2011 年版）》中对课堂评价的目的和要求和学生核心素养理念相关内容，结合学生的学习和发展实际，采用多元优化的评价方式，评价学生语言综合运用能力的发展水平。

（一）"魅力之旅"的实践操作

大爱课程对课堂教学目标、教学过程、教学效果等方面进行整合，把"魅力之旅"分为如下课程：娓娓动听、美音英韵、佳片有约、世界之窗、异域风情、英语歌曲、英语嘉年华等。

观看说故事大赛视频，形成演说和自我表现的意识；结合时政新闻、名人故事，比如现代"丝绸之路"，感动中国人物等，做心系中华、顺应时代的优秀少年。

佳片有约：观看经典英文电影，学习标准发音，模仿正宗英语发音和口语，掌握地道英语表达，提高学生综合运用英语的语言能力。

异域风情：能了解其他国家文化风俗；开拓国际视野，丰富文化知识，积累文化常识，促进跨文化交际。了解欧洲、美洲国家的国旗、饮食、节日、景点、风土人情等，提高语言学习的趣味性。

世界之窗：开展各种阅读，电影欣赏活动，让学生感受中西方文化的不同；开阔眼界，拓宽知识面，提高学生交际能力；培养文化内涵，提高文化意识。

英文歌曲：通过歌曲，初步渗透语音学习，了解基本的字母发音规律，并模仿英文语句的语音语调。歌曲选择一些脍炙人口、简单易学的，比如《友谊地久天长》《柠檬树》等。

英语嘉年华：通过欣赏、学习、模仿和借鉴经典影片、故事，以及各种综合性活动，培养学生深刻理解和挖掘英语语言背后的文化内涵，让学生真正从内容学习上获得知识，提升个人魅力。短剧表演，能掌握表演的技巧，能用英文流畅表达自己的思想和感情；增强思辨与互动的能力；在语言组织与运用的过程中提高语言综合应用水平，发挥逻辑思维能力，实现语言的交际功能；弘扬中国文化，提升文化品位。

（二）"魅力之旅"的评价要求

"魅力之旅"是以考查学生牢固掌握基础知识，综合运用语言能力为目标，以评价方式为口语测试及纸质测试，考查内容以魅力英语课程中涉及的话题为主，测试内容采用随机抽签的方式进行（见表3-1-6）。

1. 口语表达测试。20分钟准备时间，就某一给定话题进行演讲。抽取一个学期以来课程内容中的话题，学生能注意语篇的结构，语言的组织及语

表 3-1-6　合肥市五十中学西校"魅力之旅"评价表

评价内容	评价标准及等级
口语表达测试：娓娓动听、美音英韵、异域风情、佳片有约	A 档：　展示时语音语调标准，朗读自然流畅，整体有 2 处以内错误； B 档：　展示时语音语调较标准，朗读较流畅，整体有 3—5 处错误； C 档：　展示时语音语调不标准，朗读不流畅，整体有 5—8 处错误； D 档：　展示时语音语调极不标准，朗读极不流畅，整体有 8 处以上错误。该项成绩录入英语评价量化表中口语测试的语音语调一栏。
语言知识和技能测试：世界之窗、异域风情	A 档：　能借助图片读懂简单的故事或小短文；能理解并解释图表提供的信息，能找出文章的主题；理解故事的情节，能利用词典等工具书进行阅读； B 档：　较能借助图片读懂简单的故事或小短文；较能理解并解释图表提供的信息，较能找出文章的主题，理解故事的情节，能利用词典等工具书进行阅读； C 档：　较能借助图片读懂简单的故事或小短文；部分图表提供的信息不能理解；部分文章的主题，故事的情节不能理解，较能利用词典等工具书进行阅读； D 档：　不能借助图片读懂简单的故事或小短文；不能理解并解释图表提供的信息；不能找出文章的主题，理解故事的情节，不能利用词典等工具书进行阅读。

言语调的模仿。

2. 语言知识和技能测试。设计考查学生语境下的语感和语用能力的任务型话题，通过听或看获取、解读信息，乃至根据要求完成任务的内容。如：听或看对话、短文、演讲等提取信息。

综上所述，义务教育阶段的英语课程既承担培养学生基本英语素养的任务，又承担着提高学生综合人文素养的任务。课程评价要结合课程实践情况与学校文化，教学中，以语言的交际应用为落脚点，结合现代教育背景下的文化观点，让学生充分感受语言的神奇与魅力，丰富学生的学习生活与眼界，提供给学生在课堂上应用语言知识的机会，促进学生语言能力与人文素养的双向成长。

（撰稿者：胡志杰　张瑜　张丽　许珊珊　王卉娟　方义红　汪晨　胡传芳　王迪　尹先桂　孙阳露　杜敏）

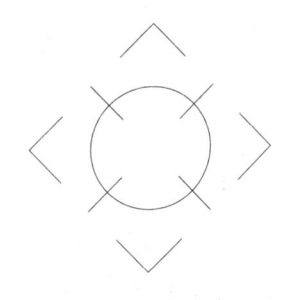

快乐音乐：引快乐之源育祖国花朵

五十中学西校音乐学科教研组由中学高级教师、中学一级教师和两位青年教师组成。西校音乐教研组在教科研方面硕果累累，获"一师一优课"评比部级优课，市级基本功比赛、区级赛课一等奖并参与音乐学科市级展示课。同时，在省、市、区艺术展演活动中分获器乐单项、交响乐、舞蹈、合唱等各类奖项。其中，合唱获市、区级比赛特等奖、一等奖多次。我组依据教育部《关于全面深化课程改革落实立德树人根本任务的意见》《义务教育音乐课程标准（2011年版）》，推进音乐学科课程建设。

第一部分 学科课程哲学

一、学科性质

《义务教育音乐课程标准（2011年版）》明确指出音乐学科的学科性质为：人文性、审美性、实践性；音乐是人类精神文化的重要组成部分之一，是人类宝贵的精神文明遗产和智慧结晶。"以美育人"的教育思想从先秦孔孟流传至今、一脉相承，是培养德智体美劳全面发展的社会主义建设者和接班人的有效教育方针中的重要有机组成部分。音乐音响不具有语义的规范确定性和事物形态的具象性。音乐课程各领域的教学只有通过聆听、演唱、探究各类音乐，参与音乐活动等多种实践才能得以实施。在音乐教学过程中，只有通过帮助学生感受美、表现美、鉴赏美、创造美，才能陶冶学生情操，发展学生个性，启迪学生智慧，丰富和发展学生形象思维，激发他们的创新意识和创造能力，全面提升学生的综合素质。

二、学科课程理念

用音乐以美育人、以情感人，赋予快乐，传递快乐。快乐的音乐课程应立足于让学生在积极的音乐审美活动中感受与追逐，并相互依托徜徉于乐海，在真情实感、真实情境中体会音乐的灵动活力，在实践中学习音乐基础知识和基本技能，形成美育评价。

1. 感受快乐。"快乐音乐"致力于美感熏陶，促进学生音乐素养的全面养成。以音乐审美为核心，以兴趣爱好为动力是义务教育阶段音乐课程的基本理念之首，一则是学生的感受方式必须以"听"为先决条件，"声"入人心旨在重点培养学生的欣赏能力，聆听多元化异域的音乐作品，开阔学生的心胸，接纳世界元素、包罗万象情怀。将学生的民族爱国情怀、学习兴趣与学科内容相关联，关注每个学生的个体差异性、情感感受性；二则是为培养有审美修养的人奠定基础，深入贯彻"大爱于心"，先心而立。同时音乐美的表现存在于音乐艺术形象中，音乐形象产生的过程是具体化音乐实践、音乐学习和音乐创造的体现。

2. 追逐快乐。"追逐音乐"侧重自主探究、亲力亲为，教师善用课堂上音乐教学活动编创学习，使学生对自己经历的事情、看到的事情产生共鸣，从而引起他们的探索兴趣，在此基础上身临其境于这些音乐实践活动，更加体现音乐学科的学科特点，强调音乐实践，鼓励音乐创造，帮助学生获得对音乐的直接经验和丰富的情感体验，为掌握音乐基本知识和相关技能、领悟音乐内涵、提高音乐素养打下良好的基础。

3. 徜徉快乐。在音乐演唱、演奏、欣赏、表现等综合实践层面帮助学生享受音乐带来的快乐，徜徉于音乐小道。在教学过程中，教师应注重个性发展，面向全体学生，学生在感受和追逐音乐的过程中，潜移默化地表达着内心真实意愿，发扬着未成年人充满活力、与众不同的个性特征。个性，指人在观察、思考和解决问题过程中表现出的独立性。个性教育是指尊重学生的个体的差异性、独特性、自主性和创造性，根据学生的知趣、才能、资质特长、爱好差异性，加以引导，促使其和谐完美地发展的教育。对每个孩子在

"音乐小道"的路上伴随以辅助、促进作用，渗透音乐的美育功能，"中小学音乐课程中的音乐创造，目的在于通过音乐开发来培养学生的形象思维能力，展现学生的创造性潜质"。学生的艺术实践是学生走进音乐，获得音乐审美体验的基本途径。

4. 评价快乐。建立评价机制，检验音乐教学成果。教师有机渗透音乐基础知识和基本技能的学习，体会音乐作品的快慢、强弱、节奏变化。帮助学生了解音乐调式调性、音乐色彩，根据音乐艺术审美特征，引导学生对音乐表现形式与情感内涵整体把握。加之有其个性的张扬发展、自主探求、兴趣使然等综合统一，以完善的评价机制，检验音乐教学成果。为发展学生的综合素质提供坚实基础，以音乐课程价值和基本目标的实现为评价的出发点，是素质教育目标的重要前提，由此而建立了综合评价机制。评价包括学生、教师和课程管理三个层次，评价形式包括自评、互评和他评等多种形式。评价指标既涵盖音乐的不同教学领域，更关注学生对音乐的兴趣、爱好等，以及教师引导学生进入音乐的学习过程、方法的有效性等诸多层面。

第二部分　学科课程目标

《义务教育音乐课程标准（2011年版）》指出，音乐课程致力于培养学生的音乐欣赏能力、音乐表现能力，能进行简单音乐相关内容编创，具有一定音乐实践表演水平，音乐学科还致力于帮助未成年阶段学生涵养美感，和谐身心，发扬个性，陶冶情操，净化心灵，内化品德，提升素养，有所追求，教学内容综合，淡化学科界限，弘扬民族音乐，理解音乐文化多样性，广泛吸收世界各地的一切优秀音乐文化，开阔学生视野，弘扬自身的民族传统音乐，共享人类精神文明成果。

一、学科课程总体目标

通过音乐课程学习、参与丰富多样的艺术实践活动，学生探究、发现、领略音乐的艺术魅力，增进音乐学习的持久兴趣，涵养其美感，和谐其身心，陶冶其情操，健全其人格。教育必须把握学生学习并掌握必要音乐基础知识、基本技能的大方向，发展音乐听觉、欣赏能力、表现能力、创造能力，提升未成年阶段学生音乐素养。丰富情感体验，培养良好审美情趣和积极乐观的生活态度，促进学生身心正向健康发展，上述课程目标以下列四个维度表述。

（一）"快乐歌唱"——演唱目标

演唱目标应逐层递进为"会唱歌、爱唱歌、唱好歌、会唱歌"。首先要能够按照歌曲中所蕴含的音乐基本要素的要求来演唱作品，其次主动演唱，自主表达，喜爱演唱，在教师的引导下，能够有感情地、发自内心地演唱，深刻表现音乐作品内涵，最后在掌握正确、有效的歌唱技巧后，自信、流畅、完整地演唱。

（二）"快乐欣赏"——审美目标

在欣赏中，体会音乐"以情感人，以美育人"的核心思想，能够在音乐教材内容中提炼出审美因素，归纳总结音乐"美"的体现点，其包括情景美、曲调美、配器美、伴奏美等。培养正确、正向，符合未成年成长阶段的音乐审美能力，多角度欣赏音乐内容，把握音乐内在特征。提高音乐审美力，重在通过训练学生对音乐作品情绪、格调、人文内涵的感受与理解，陶冶高尚情操，培养学生音乐欣赏力，养成健康向上审美情趣，使其在真善美艺术世界里受到高尚情操的陶冶。

（三）"快乐表演"——实践目标

丰富细微的音乐情感体验外化为表演，帮学生建立对人类、对自然、对一切美好事物的关爱之情，培养学生对生活积极的态度、对美好未来向往与追求的常态化信念。培养音乐兴趣，树立学生终身学习的理念：通过各种有效的途径和方式引导学生走入音乐，在身临其境的过程中喜爱音乐，掌握音乐基本知识、基本技能，逐渐养成音乐欣赏良好习惯，为音乐的终身伴随奠定基础。培养爱国主义情感，增强集体主义精神：解读音乐作品中表现出的对祖国山河、人民、历史、文化和社会发展的赞美、歌颂，培养学生的爱国主义情感；在音乐实践活动中，培养学生良好的行为习惯和宽容理解、互相尊重、共同合作的意识，增强集体主义精神。

（四）"快乐创作"——探究目标

在掌握音乐基础知识的基础上，在音乐力度、速度、音色、节奏、节拍、旋律、调式、和声等内容进行变化、探索、演唱、演奏、识谱、编创等综合实践。了解中外音乐发展的简要历史和有代表性的音乐家，初步识别不同时代、不同民族的音乐，运用于器乐、舞蹈、歌曲的创作同时，探究相关音乐文化内容，加强了解音乐与艺术之外其他学科的联系，扩展音乐文化视野学科。

二、学科课程年段目标

根据《义务教育音乐课程标准（2011年版）》中总体目标的要求，结合七至九年级的教材和教学参考书，我们设置了课程年级目标。这里，我们以八年级为例，阐述学科课程年段目标。（见表3-2-1）

表3-2-1 合肥市五十中学西校"快乐音乐"课程年级目标

	上学期		下学期
第一单元	1. "七子之歌"为主题，能用圆润、流畅、舒展的歌声深情地演唱。 2. 分析不同节拍、节奏、旋律演唱的不同。 3. 认识并重点学习F调调号及F大调音阶，熟记五线谱间上各音唱名的规律。 4. 简单表述音乐对自己情绪影响，并用合适的音乐进行自我情绪调节。	第一单元	1. "生命之杯"为主题，能够用连贯圆润的歌声来表达歌曲。 2. 感受和体验体育音乐的音乐特点进而树立多元文化价值观念。 3. 辨别管弦乐曲中的音乐主题和主奏乐器。 4. 找寻更多关于体育的音乐，用不同语言、不同形式演唱来领略音乐的丰富多样性。
第二单元	1. "多彩音乐剧"为主题，巩固练习声断气不断的演唱方法及三拍子指挥图式。 2. 了解音乐剧综合性的艺术特点，知道音乐在音乐剧中的地位。 3. 创编三拍子的简单旋律。 4. 用管弦乐合奏曲让学生听辨弦乐器、管乐器和打击乐的音色。	第二单元	1. "乐海泛舟"为主题，用自然圆润、亲切优美的声音演唱。 2. 聆听并感受室内乐的特点以及室内乐的知识。 3. 运用不同的媒介去了解中国的国粹京剧、国外的室内乐、协奏曲。 4. 同学之间展示自己所学的乐器并演奏的乐曲，交流评价学习。
第三单元	1. "雪域天音"为主题，能用自然、平稳、有控制力的声音演唱。 2. 带装饰音的藏族歌曲的音乐特点及演唱方式。 3. 了解藏族音乐特点和音乐语言符号。（倚音、滑音、波音等） 4. 寻找身边的人物、选配音乐或创编简单音乐。	第三单元	1. "山野放歌"为主题，用方言、有韵味地演唱。 2. 体验兴国山歌的风格特点。 3. 进一步了解青海花儿的旋律特点，初步了解电声音乐。 4. 学习歌曲中的基本乐理知识。 5. 积极参加校园社团活动丰富多彩的音乐实践活动。

续表

	上学期		下学期
第四单元	1. "古诗音画"为主题,能用舒缓的呼吸、优美圆润的歌声演唱,并尝试用二声部合唱方式演唱。 2. 欣赏交响诗感受乐曲中的音乐主题及音乐风格。 3. 同学小组之间组合进行二声部歌曲的学习。 4. 班级内组成合唱组展示二声部歌曲。	第四单元	1. "亚洲弦歌"为主题,能够运用自然、舒缓的声音背唱歌曲,了解日本音乐自然、朴素的音乐美。 2. 体验印度传统音乐的节奏规律及特点。 3. 学习印度音乐常用的十六拍节奏圈,并用打击乐器或律动伴奏。 4. 尝试学生动手简易的打击乐器。
第五单元	1. "国乐飘香"为主题,能用二部合唱形式以舒缓的速度、统一的声音演唱。体验由民族器乐曲改编填词歌曲的独特韵味。 2. 初步感受民族打击乐器的表现力。 3. 找出并了解"换头合尾"这一创作手法在音乐中的作用。 4. 参加学校民乐社团,更深入了解中国民乐团和民族音乐。	第五单元	1. "京腔昆韵"为主题,能用铿锵有力、开阔豪放的声音演唱歌曲,体验净行的唱腔韵味,从中简单了解京剧脸谱的基本知识。 2. 欣赏京剧唱段,感受京剧两种声腔在旋律、情绪上的不同特点。 3. 模仿学唱歌曲,体会"有板无眼"的节拍特点。 4. 以小组为单位,任选一个唱段演唱,按歌词内容分角色参与演唱表演活动。

第三部分 学科课程框架

一、学科课程结构

《音乐课程标准(2011年版)》强调了音乐实践的表述: 音乐教育是音乐艺术的实践过程。因此,所有的音乐教学领域都应强调学生的艺术实践,积极引导学生参与演唱、演奏、聆听、综合性艺术表演和即兴编创等各项音乐活动,将其作为学生走进音乐、获得音乐审美体验的基本途径。通过音乐艺术实践,有效提高音乐素养,增强学生音乐表现的自信心,培养学生良好的合作意识和团队精神。我校"快乐音乐"课程主要分为"快乐歌唱、快乐欣赏、快乐创作、快乐表演"四个方向进行课程构建,从而形成"快乐音乐"课程群。相对应的课程为: 扬帆合唱、Youth Melody 交响、魅力舞蹈、校歌大家唱、音乐嘉年华、音乐小剧场、小小传承人。具体图谱如图3-2-1。

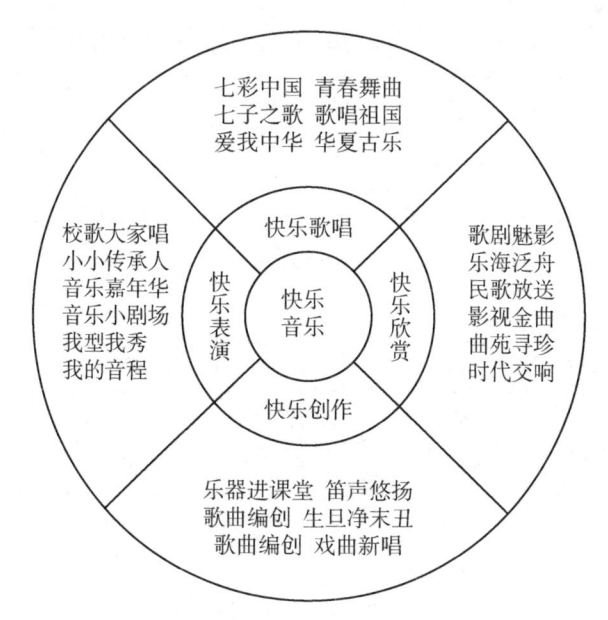

图 3-2-1　合肥市五十中学西校"快乐音乐"课程结构图

上图中，各板块课程具体表述如下：

1. "快乐歌唱"主要是通过歌唱、体验、模仿等形式培养学生有表情、有感情地演唱，增强学生演唱的自信、提高音乐听觉基础上的读谱能力。

2. "快乐欣赏"主要是培养学生的音乐审美，音乐教学体现以审美为核心理念，主要作用于人的情感世界。学生通过参与、体验与音乐产生情感共鸣，从而陶冶性情，完善人格。

3. "快乐创作"主要是让学生对音乐进行实践探索。在《义务教育音乐课程标准（2011年版）》中，创造在作为音乐课程的基本理念的同时，又以具体的活动内容呈现在教育领域中。学生通过即兴创编、创作实践、探索音响与音乐，发挥学生在音乐学习领域的想象力和思维潜能。

4. "快乐表演"主要是让学生能够自信、有感情地演奏、演唱，感受舞台艺术的魅力，培养合作能力与协作精神。

二、学科课程设置

为了实现上述课程目标，按照学段和四个方向我们构建了以下音乐课程体系（见表3-2-2）。

表3-2-2　合肥市五十中学西校音乐课程设置表

课程设置				
内容	歌唱	欣赏	创作	表演
七年级　上学期	七彩中国	歌剧魅影	乐器进课堂	校歌大家唱
七年级　下学期	青春舞曲	乐海泛舟	笛声悠扬	小小传承人
八年级　上学期	七子之歌	民歌放送	歌曲编创	音乐嘉年华
八年级　下学期	歌唱祖国	影视金曲	生旦净末丑	音乐小剧场
九年级　上学期	爱我中华	曲苑寻珍	舞蹈编创	我型我秀
九年级　下学期	华夏古乐	时代交响	戏曲新唱	我的音乐会

第四部分　学科课程实施

《义务教育音乐课程标准（2011年版）》指出：教师应遵循听觉艺术的感知规律，突出音乐学科的特点；重视教学目标的设计与整合；注意音乐教学各领域之间的有机联系；正确处理教学中的各种关系；积极引导学生进行音乐实践活动；合理运用现代教育技术手段；因地制宜地实施本标准。[①]"快乐音乐"课程依据"以音乐为本、以学生为本"的要求，把课程内容与学生的年龄特点和需求有机结合，满足学生的多元化学习需求。

一、建构"快乐音乐课堂"，推进音乐课程实施的有效性

"快乐音乐课堂"将以音乐之源筑祖国花朵作为出发点和归宿。它是学生在课堂教学中通过实践、讨论等来完成自主、合作、探究学习的主阵地。学生通过丰富多彩的课堂学习，掌握基本的知识技能，提高其解决问题的能力和审美能力，促进人格的全面发展。

"快乐音乐课堂"是以学生为本，打造多样化的课堂，促进人格的全面

---

① 中华人民共和国教育部. 义务教育音乐课程标准（2011年版）[S]. 北京：北京师范大学出版社，2012：26-28.

发展。

音乐课堂教学要以学生每个阶段的年龄特征为出发点，设计不同类型的课堂教学，将《义务教育音乐课程标准（2011年版）》中关于教学内容的几点提示进行深入学习，分为感受与欣赏、演唱、演奏、识谱乐谱、创造这几个不同方向进行教学。注重每一个学生的成长，发展每一个学生的个性。以学生为主体，以教师为主导，以教学活动为主线，以学生能力培养为核心，在不同类型的课程当中，提高学生的积极性、主动解决问题的能力，准确把握音乐对于审美能力、健全人格的培养。

二、开展"快乐音乐分享"，促进学生学习音乐的多样性

"快乐音乐分享"就是以《义务教育音乐课程标准（2011年版）》为依据，根据我校学生的实际情况，积极构建开发的"富有吸引力"的课程内容。音乐包含的种类繁多，持续有效的音乐故事分享增强学生对多元化音乐的了解，通过音乐分享的形式，用普及大众的音乐故事引人入胜，同时让学生深挖音乐的背景和意义，鼓励学生与音乐交融，引起共鸣感和认同感。

1. 推荐阅读。根据各年级学生的发展水平及音乐鉴赏水平，由教研组商讨敲定3—5本不同风格的音乐赏析类、介绍音乐家、讲述音乐史的书籍，制订计划实施阅读，鼓励学生将自己的真实感受表达出来。

2. 开展快乐音乐分享会。每学期末，以班级阅读小组为单位，举行全班快乐音乐故事分享会。学生以小组为单位，以一学期以来最喜欢的一种音乐风格、一种乐器、一位音乐家或者一段音乐历史等作为分享内容，加入自己的感悟与同学分享。

3. 开展音乐大师课。邀请音乐大师与学生面对面，或者线上进行一次音乐故事分享，讲述学艺经历，以深入浅出的方式带出生命历程的点滴，并且现场诠释音乐作品，将自身的故事与音乐结合，更加贴近学生，创造音乐及学习音乐文化知识的机会，以提高学生音乐审美素养。

三、设立"快乐音乐拓展"，拓宽音乐课程学习方法的多元性

依据《义务教育音乐课程标准（2011年版）》，在教学中要求积极引导学生参与聆听、演唱、演奏、编创，以及综合性艺术表演等实践活动。"快乐

音乐拓展"课程注重开展形式多样、面向全体、具有音乐特色的各种活动：音乐拓展课程。它分为：音乐社团活动、结合特殊节日开展相对应的音乐活动、线上线下相结合的音乐学习活动这三大类。通过多种渠道、多种形式的音乐活动，让学生更好地拓宽知识技能储备，学生参加实践活动，帮助他们形成正确的人生观、价值观，健全人格品质。

我们将课程与学生的生活结合起来，让学生感受到音乐与生活密不可分，它在我们的生活当中起着非常重要的作用。具体安排如下：

1. 音乐社团活动。音乐社团目前有交响乐社团、合唱社团、舞蹈社团等。

社团课程类型多样：造型表现类——主要教授演唱、演奏、乐理等基础；欣赏评述类——对古今中外有代表性的作品进行欣赏评述，教会学生如何欣赏一首音乐作品，并用语言勇敢地表达出来。

2. 结合特殊节日开展相对应的音乐活动。音乐不仅仅是审美的艺术，更要在这个过程中发掘学生的自我价值，塑造更完善的人格。音乐课程借助相关节日开展音乐才艺大比拼、中国民乐展览等相对应的活动；学校之间交流时鼓励学生学习中国传统的民间音乐，不仅能提高学生的技能水平，更是在这一过程中，培养自信心和创造力。

3. 线上线下学习相结合的音乐活动。培养学生以学习为乐，拥有持之以恒的持续力、敏捷高效的思维力和创新精神。在"自主、合作、探究"这一过程中培养学生内在美和外在美的审美情趣，教师要激发学生的学习积极性，引导学生通过调查、参观、讨论、访谈、项目研究、情境分析等方式，主动探索社会现实与自我成长中的问题，在合作和分享中扩展自己的经验，在自主探究和独立思考的过程中增强道德学习能力，是"快乐音乐"拓展课程中学习的主要特征和目的。

音乐是感性艺术，也是听觉艺术，需要大量乐曲储备，如果只拘泥于课本音乐作品是远远不够的，因此，音乐的拓展课程开展了线上网络查阅学习和线下聆听学习两大主流学习方式。线上学习在交互平台的建设上走多元化的道路，不受时空限制、快速及时、可重复、信息量广阔、个性化、交互协作等特点，通过多媒体技术手段，教师可以与学生一起运用现代化的信息模式欣赏大量音乐作品，在这个过程中，发挥音乐学科作为听觉艺术的最大优势；而线下学习则是带领学生参观乐器展、艺术品相关展览、一些具有创新特征的展览等，及时地获取掌握当下的信息，在这个过程中相互合作、相互沟通，教学相长。

四、艺术展演与比赛

根据不同的音乐社团经过集中训练之后，代表学校参加校级、区级乃至市级各项艺术展演与比赛，在这个过程中，拓宽学生的眼界，鼓励学生进步，培养团队凝聚力、集体荣誉感。

1. 社团日常训练。学校的交响乐团、合唱团、舞蹈团、戏曲团都以社团形式开展，在活动设计过程中要注意拓展训练内容，除了基础的教学外，要重视学期艺术展演与比赛的任务。

2. 专业考核与选拔。艺术展演与比赛多代表校方进行，展演与比赛也多有人数限制，所以需选拔出优秀的学生参与，除了正常的课程外，在参加展演或比赛前，由教研组全体教师进行社团活动考勤与专业水平考核综合评分，选拔优秀学生组成最优团队进行训练并参赛。

综上所述，合肥市五十中学西校音乐课程不仅关注音乐学科学科性质：人文性、审美性和实践性；而且重视音乐音响不具有语义的规范确定性和事物形态的具象性。引导学生通过参与聆听、演唱、探究各类音乐，参与音乐活动等多种实践，帮助学生感受美、表现美、鉴赏美、创造美，陶冶学生情操，发展学生个性，启迪学生智慧，丰富和发展学生形象思维，激发学生的创新意识和创造能力，全面提升综合素质。

（撰稿者： 袁杰　方思珉　胡志杰）

第四章

质量内核：
学科课程的内容布局

　　课程内容的设置与布局是课程的质量内核，是课程建设的中心任务。学科课程内容布局既要反映社会需要、学科特征，又要符合学生的认知规律，为学生选择课程提供基础保障。优化课程布局，丰富课程内容，有利于促进学生的个性化发展。

课程建设的核心是课程内容的设置，课程内容的设置既要反映社会的需要、学科的特征，也要符合学生的认知规律。五十中学西校秉承"大爱于心，致真于行"的核心教育理念，以促进学生全面而有个性的发展为育人目标，坚持"五育"并举，着力进行各项课程建设，制订了各具特色的课程群建设方案并认真实施。各课程内容布局关注本土元素，注重创新与科学合理性，发展学生的兴趣和特长，拓宽学生的知识面，培养学生的合作精神、创新精神和实践能力，彰显课程改革的价值追求。

　　课程内容布局彰显本土元素。随着时代的发展，人们已经越来越认识到，课本已不是教育的唯一资源，建设开放而有活力的学科课程已经成为学校教育的重要任务。五十中学西校各课程紧扣九年制义务教育教材，依据校情、师情和生情，多元开发各类课程，坚持学习空间的多元化，学习时间的立体化，鼓励学生真实的参与、真切的体验，引导学生利用广泛存在于学校、家庭、社会、自然等资源进行学习，帮助他们认知世界、体验生活、增添知识，构建综合体系。

　　课程内容布局专注科学合理。五十中学西校各课程内容布局经历了初始的单一"点状"布局到"线状"布局到目前的多元化蜂窝状布局，内容有主题、有层次、有广度。如数学学科课程从2015年开始只进行单纯的九年级"培优"课程，之后发展到各年级开展"启智""助学"课程，到目前的"热度数学"课程横向分为六大模块，每个模块又纵向按照不同学期分别进行了符合各学期教学实情的课程内容的设置。培养学生的主体意识、完善学生的认知结构、激发学生的兴趣爱好、促进学生的个性发展。

　　课程内容布局注重创新发展。五十中学西校课程除了基础类的课程之外，特别注重创新，以各类新颖的课程活动激发学生的参与热情。"绚彩化学"课程中"化学魔术""厨房大揭秘"；"活力生物"课程中"人体的奥秘""饲养蚁蚕"，以及其他课程中的"微银行""玲珑巧艺""掷地有声""群英荟萃""神机妙算""妙笔生花"等让人耳目一新，充分地激发了学生的兴趣和求知欲，极大地调动了学生的积极性与主动性。

　　课程内容布局体现立体实施。五十中西校各类课程实施中，师生参与度与热情度均居高不下。根据内容布局安排，各课程负责教师有一位或多位，精心策划，自编教材，参与学生每学期进行选拔或自愿参加，部分课程还邀请家长参与其中，构建家校共育的良好育人模式。课程设置还可由不同学科共同完成，实现跨学科融合教学实践模式。各课程不同学段间也并非完全独立，各学段之间紧密联系，有机结合，也是课程建设的特色之一。

课程是学校育人模式的核心工程，是促进学生全面而有个性发展的基本途径和根本保证，因而建构科学的、本土化的课程尤为重要。五十中学西校在实践和理念的不断碰撞中生成独具特色的各类课程，努力实现品质的飞跃。

（撰稿者：胡志杰　张娟）

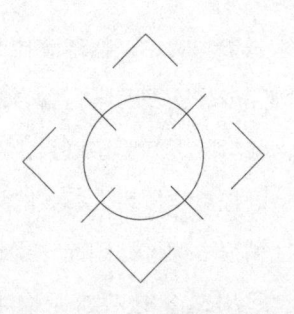

热度数学：让数学热起来

五十中学西校数学教研组是一支善于学习、经验丰富、和谐团结、不断进取的队伍。目前数学教研组共 37 位数学教师，拥有市区级骨干教师 5 位，学科带头人 3 位，并有多名数学教师在省、市、区各级优质课大赛、基本功大赛、微课比赛、教育教学论文评比中获奖。数学教研组全体数学教师以推进素质教育为目标，以课程改革为中心，以课堂教学为重点，深入开展教学研究，加强教研力度，在不断实践中提炼出了独特的学科理念——"热度数学"。我们依据教育部《关于全面深化课程改革落实立德树人根本任务的意见》《义务教育数学课程标准（2011 年版）》等文件精神，推进数学学科课程群建设。

第一部分　学科课程哲学

一、学科性质

《义务教育数学课程标准（2011 年版）》指出："义务教育阶段的数学课程是培养公民素质的基础课程，具有基础性、普及性和发展性。数学课程能使学生掌握必备的基础知识和基本技能；培养学生的抽象思维和推理能力；培养学生的创新意识和实践能力；促进学生在情感、态度与价值观等方面的发展。义务教育的数学课程能为学生未来生活、工作和学习奠定重要的基础。"①

我们知道，数学有点冷，这是全球性的共同教学难题。我们希望用教师的教学热情和专业知识，让"数学"不再只是停留在纸上的冰冷的理论体系，而是多元、多彩的故事和情景，是学生可以感知、可以理解、可以运用的火热生活；让学生愿意亲近数学，感知它的热度，愿意去触摸它、去靠近它美好而又温暖的本质；让学生能成为热爱数学之美、长于数学思维、乐于数学创造的未来人才；并在数学活动中，潜移默化地引导学生能积极践行社会主义核心价值观，用所学知识回报国家、服务人类。因此，我校将数学学科课程确定为"热度数学"。

二、学科课程理念

"热度数学"的教育理念是打造有热度的数学模式，追求有热度的数学人生，并使其在一次次有热度的数学活动中实现。什么是有热度？热度是温度加激情。课堂有温度，师生之间关系融洽，情感交融。教师有激情，唤醒学生学习的热情。更重要的是教师除了具有必备的学科专业知识、教育教学知识，还要心中有爱，心中有生，大爱无疆，做到时时刻刻从学生的角度出发，根据学生的实际情况采取相应的教学策略和活动方案，实现既定的目标。具体将在以下几个方面体现：

（一）"热度数学"注重激发兴趣，唤醒内在

"热度数学"注重激发学生的兴趣，唤醒学生对数学的热爱。只有喜欢数学，爱上数学，才能唤醒他们的内在，产生学习数学的内驱力，才能让他们愿意在数学的知识海洋中奋力遨游，享受学习的乐趣。

（二）"热度数学"引发思维碰撞，头脑风暴

"热度数学"引发思维的碰撞，并不是形式上的热闹，而是思维碰撞的热烈，在讨论交流，在认知冲突，在头脑风暴中迸发出新的知识，引发积极的思考。

（三）"热度数学"体现情感交流，师生交融

"热度数学"体现师生情感上的交流，对数学教师要求高，希望通过教

---

① 中华人民共和国教育部. 义务教育数学课程标准（2011年版）[S]. 北京：北京师范大学出版社，2012：1—2.

师的热情和对数学的理解，向学生传递学习数学的热情并持之以恒，在师生交融中达到数学学习的高度。

（四）"热度数学"强调积极评价，爱心呵护

"热度数学"要求教师给予学生积极的评价，初中阶段的孩子在身体和心理上发育并不成熟，教师要有一双"爱"的眼睛，发现每一个孩子的闪光点，给予他们充分的时间，用心去呵护他们，耐心等待孩子的成长。

总之，"热度数学"的理念就是打造积极向上、热情似火的数学活动氛围，在数学活动中引领学生积极参与，激发学生对数学的好奇心和求知欲，并对学生进行爱的激励，让学生在乐中学、乐中思、乐中用，让有才华的学生有展示自己的场所，让他们体验获得成功的乐趣，感受到所学知识在实际生活中的运用。

第二部分　学科课程目标

《义务教育数学课程标准（2011年版）》指出："通过义务教育阶段的数学学习，学生能获得适应社会生活和进一步发展所必需的数学的基础知识、基本技能、基本思想、基本活动经验。体会数学知识之间、数学与其他学科之间、数学与生活之间的联系，运用数学的思维方式进行思考，增强发现和提出问题的能力、分析和解决问题的能力。了解数学的价值，提高学习数学的兴趣，增强学好数学的信心，养成良好的学习习惯，具有初步的创新意识和实事求是的科学态度。"[1] 基于此，我校将"热度数学"课程目标设置如下。

一、学科课程总体目标

根据《义务教育数学课程标准（2011年版）》和学生的实际情况，我校提出"热度数学"课程目标，用教师的热情让学生热爱数学。具体从以下几

---

[1] 中华人民共和国教育部. 义务教育数学课程标准（2011年版）[S]. 北京：北京师范大学出版社，2012：8.

个方面阐述：

（一）知识技能目标——知数学之实

体验数字和代数的抽象，计算和建模过程，掌握数字和代数的基本知识和基本技能。体验图形的抽象，分类，运动，位置确定的过程，并掌握基本知识图形和几何学的基本技能；体验实际问题中数据的收集与处理，利用数据分析问题，获取信息的过程，掌握统计学和概率论的基本知识和基本技能；参加综合性实践活动，积累综合性数学知识，技能和方法等。具有解决简单问题的数学活动经验。

（二）数学思维目标——明数学之理

建立数字意识、符号意识和空间概念，初步形成几何直觉和计算能力，发展图像思维和抽象思维。体验统计方法的重要性，开发数据分析概念，并体验随机现象。在参加观察、实验、猜想、证明和综合实践等数学活动时，发展推理和演绎推理的能力，学会基于理性的思考，结构化的思维，深入的思维，学会独立思考，并能够明确表达自己的想法。体验数学的基本思想和思维方式。

（三）问题解决目标——探数学之用

初步学会从数学的角度发现问题和提出问题，综合运用数学知识解决简单的实际问题，增强应用意识和实践能力。获得分析问题和解决问题的一些基本方法，体验解决问题方法的多样性，增强创新意识。学会与他人合作交流。初步形成评价与反思的意识。

（四）情感态度目标——感数学之热

积极参与数学活动，对数学有好奇心和求知欲。在数学学习过程中，体验获得成功的乐趣，锻炼克服困难的意志，建立自信心。体会数学的特点，了解数学的价值。养成认真勤奋、独立思考、合作交流、反思质疑等学习习惯，形成实事求是的科学态度。并通过数学的形之美和用之美感受数学魅力，增强审美能力、提高数学素养。

总体目标的四个方面，是一个密切联系、相互交融的有机整体。在数学课程设计和教学活动组织中，要同时兼顾这四个方面的目标。这些目标的整体实现，是学生受到良好数学教育的标志，它对学生的全面、持续、和谐发展有着重要的意义。数学思维、问题解决、情感态度的发展离不开知识技能的学习，知识技能的学习必须有利于其他三个目标的实现。

二、学科课程年段目标

在课程总目标的基础上，根据各年级不同的学情，制定分年段课程目标，这里，我们以七年级为例，阐述学科课程年段目标（见表4-1-1）。

表4-1-1 合肥五十中西校"热度数学"课程七年级年段目标

学段＼单元	第一单元	第二单元	第三单元	第四单元	第五单元	第六单元
七年级上学期	能进行有理数的运算、整式加减的运算、一次方程和方程组的求解。	理解直线与角的概念，认识简单的几何图形，会用尺规作线段和角。	理解统计的概念和统计图表的绘制并能正确获取信息。	能结合实际情境，体验建立模型、解决问题的过程，并能发现和提出问题。	感受数域的扩充、数的规律，以及方程、几何的由来，增强应用意识和能力。	加强对数的认识，数与式的辨别，并能积极主动地参与数学活动。
七年级下学期	能进行实数的运算整式和分式运算。整式的运算。一元一次不等式的求解。	理解图形的平移和应用。会借助图形初步建立几何直观，进一步发展空间观念。	能根据实际问题制作调查问卷表，并制作统计图表解决实际问题。	能结合实际情境，体验建立模型、解决问题的过程，并能发现和提出问题。	通过对有关问题的探讨，了解所学过知识（包括其他学科知识）之间的关联。	学会简单几何证明题的书写，在学习过程中初步形成合作交流和评价意识。

第三部分 学科课程框架

一、学科课程结构

为了使学生获得数学基础知识、基本技能，增强数学思维能力，养成良好的学习习惯，结合本校学生发展特点，培养他们学习兴趣，将数学学习与生活实际相结合，"热度数学"课程具体分为"智算数学""炫彩几何""调查统计""幻影模型""博采众长""达雅文章"六大类。"热度数学"课程结构如下（见图4-1-1）。

图4-1-1 合肥市五十中学西校"热度数学"课程结构图

（一）智算数学

通过开展有趣的计算，巧算活动，夯实学生计算能力。针对有理数、实数、整式、分式、根式的加减运算，开展学生速算比赛，激发学生学习兴趣，提高学生计算能力。通过小算大用，让学生感受数学来源于生活、服务于生活的大用处，激起兴趣。通过神机妙算，让学生感受数学中简便运算的妙用。《义务教育数学课程标准（2011年版）》中"数与代数"的内容主要包括数与式、方程与不等式、函数，它们都是研究数量关系和变化规律的数学模型，可以帮助人们从数量关系的角度更准确、清晰地认识、描述和把握现实世界。而数学中最基本的就是数学计算能力，良好的数学运算能力将为学生后续学习打下牢固的基础。让数学运算不再枯燥，让所有的数字生动展示，是我们这个智算数学要达到的效果。

（二）炫彩几何

通过开展趣味手工折纸、小小设计师，让学生参与数学操作，感受轴对称、中心对称的对称之美，发现数学中线段和角的关系。

通过三视图与直观图的对比和几何图形的设计，让学生丰富头脑中几何图形的经验，发展空间想象能力。

《义务教育数学课程标准（2011年版）》当中"空间与图形"的内容主要涉及现实世界中的物体、几何体和平面图形的形状、大小、位置关系及其变换，它是人们更好地认识和描述生活空间并进行交流的重要工具。通过炫彩几何让学生更加感受到几何的多变和归一。

（三）调查统计

通过开展丰富多彩的统计课程，让学生参与设计问卷调查表，设计统计图表，进行决策。对学习和生活中的问题发挥主人翁意识，积累数学经验，发展数学应用意识。例如数学作业完成时间、学校附近公园的绿化、河水的治理等。

《义务教育数学课程标准（2011年版）》中"统计与概率"主要研究现实生活中的数据和客观世界中的随机现象，它通过对数据收集、整理、描述和分析，以及对事件发生可能性的刻画，来帮助人们作出合理的推断和预测。通过这个课程让学生感受现实生活中的案例与数学紧密联系，既增加了学生的知识储备，又发展了学生解决实际问题的能力。

（四）幻影模型

通过总结数学中比较热门的函数模型和几何模型等，让学生感受模型对于解决现实生活中的问题的帮助，感受数学的魅力；使学生得到思维的发展，总结经验，培养应用意识。

（五）博采众长

通过阅读大量的数学史著作和现代有关数学的论文，观看数学视频理解数的发展，数域的扩充等，让学生在讨论中产生思维的碰撞。设置具体课程让学生进行阅读，开发数学角，提供丰富的数学资料可随时让学生查阅。

（六）达雅文章

通过开设有关数学写作课程，帮助学生将所有的理解落实到学生的写作上。每周的思维导图，应用题的解决，学生的几何证明，以及每个证明之后的思考，帮助学生发展数学推理能力，数学整理能力，以及数学文章写作能力。定期刊登学生的作品在校报上，激发学生再探究的愿望和兴趣。

二、学科课程设置

根据"热度数学"的整体架构，除基础类的课程之外，根据不同年级学生的年龄特点设计和实施拓展类课程，其课程设置如下（见表4-1-2）。

表 4-1-2　合肥市五十中学"热度数学"课程设置表

学段	模块	智算数学	炫彩几何	调查统计	幻影模型	博采众长	达雅文章
七年级	上	巧妙运算 快解方程	直线射线 线段与角	我会收集 数据整理	行程问题 利润问题	数域扩充 方程由来	想象几何 线段与角
七年级	下	巧妙运算 快解方程	三线八角 平行垂直	时间调查 污水调查	分式模型 中点模型	奇妙几何 好玩数学	教你魔方 魔法数学
八年级	上	神机妙算 小算大用	全等我见 对称图形	统计图表 绿化调查	整数规划 将军饮马	函数概念 数学规律	证明书写 对称数学
八年级	下	神机妙算 快解方程	面积证法 神秘几何	集中离散 我会决策	根式模型 函数模型	九章算术 勾股验证	证明书写 无惧数学
九年级	上	函数运算 比例运算	相似位似 黄金之美	作业调查 我来决策	函数模型 指教模型	几何画板 刘徽数学	证明书写 勾股证法
九年级	下	弧弦计算 扇形圆锥	中心对称 三视三是	投针实验 几何概率	随机模型 圆之模型	出入相补 数学微课	小小论文 爱尚数学

第四部分　学科课程实施与评价

"热度数学"致力于在实现义务教育阶段的培养目标的基础上，面向全体积极向上的学生，适应学生个性发展的需要，使得这部分学生在数学上得到更好的发展。"热度数学"课程内容基于社会对高素质人才的需求及本身的学科特点设置。它不仅预测数学学习的可达结果，更重视数学结果的形成过程和蕴涵的数学思想方法。课程内容的选择强调与学生的生活产生联系，有利于学生体验与理解、思考与探索。课程内容的组织重视过程，重视直观，课程内容的呈现注意层次性和多样性。"热度教学"活动是师生积极参与、交往互动、共同发展的过程，是学生学与教师教的统一，学生是学习的主体，教师是学习的组织者、引导者与合作者。[①]

---

① 中华人民共和国教育部. 义务教育数学课程标准（2011年版）[S]. 北京：北京师范大学出版社，2012：1.

一、构建"热度课堂",推进数学课程实施

数学教学是数学活动的教学,是师生之间、学生之间交往互动与共同发展的过程。数学教学,选取学生熟悉的生活事例为题材,创设生动有趣的情境,激发学生主动观察、操作、猜想、推理、交流的兴趣,从而掌握基本的数学知识和技能,初步学会从数学的角度去观察事物、思考问题,激发对数学的兴趣。

教师是学生数学活动的组织者、引导者与合作者;要根据学生的具体情况,对教材进行再加工,有创造地设计教学过程;要创新呈现形式,根据学生年龄特点,密切联系学生生活经验,设计教材内容的呈现和编排方式,使之更加生动、新颖、活泼,增强对学生的吸引力;要正确认识学生个体差异,因材施教,感同身受,创设学生获得成功的体验和可能,树立学好数学的自信心。

(一)"热度课堂"实施

1. 先做规划,创新理念。每学期开学前,安排数学教研组进行集体备课,根据《义务教育数学课程标准(2011年版)》内容和我校数学课程理念,以及学生的兴趣规划本学期"热度课堂"的内容,并由本校老师精心编写《热度课堂》校本教材,每周安排一节"热度课堂",一般固定在周三下午第四节,并确定好每周的教学内容。

2. 精心备课,激发兴趣。在教学实践中,教师会认真学习新课标和教材,挖掘知识交叉点,精心备课,既要立足学生已有的经验基础,又要充分考虑学生的兴趣,根据学习内容,利用各种教学资源(如文本资源、音像、视频等),从导入到练习,创设学生感兴趣的情境,调动学生的学习热情。

3. 交流互动,智慧分享。课堂上,学生是主体,在教师的组织和引导下讨论和交流,结合新知,同伴交流互动,互相质疑,而后将已学到的知识在班级进行展示分享,共享集体思维成果,体验交流之趣。教师在展示分享中对学生所反映的情感、态度、策略等方面进行及时的评价,鼓励学生自我纠正,自我提高。

4. 拓展合作,共同进步。这是对师生学习成效的延展,也是对教学目标的监测与评价,更是学习内容的扩展与应用,它真正体现了师生的教学相长,共同成长。以学生的生成作为"蓝本",在独立建构的基础上,思维相互碰撞,逐步对知识进行完善。通过交流展示,在师生的思辨中逐渐明晰、建构知识网络。

5. 期末测试，巩固成果。"热度课堂"每学期结束会进行一次统一测试，每学年的上学期期末热度课程结业时举办"迎新杯"数学能力测试，每学年的下学期期末课程结业时举办"热度杯"数学能力测试，检验一下学生一个学期的学习成果，作为评价的一个方面。

（二）"热度课堂"评价要求

学习评价的主要目的是为了全面了解学生数学学习的过程和结果，激励学生学习和改进教师教学。应建立目标多元、方法多样的评价体系。[①] 依据"热度课堂"学科课程理念培养目标，从教师的教、学生的学及创新性对"热度课堂"进行量化评价（见表4-1-3）。

表4-1-3 合肥市五十中学"热度课堂"评价标准

维度	评价要点	分值	得分
一、教师的热情度10分	1. 心中有爱、眼里有生，教法符合内容要求与学生的认知特点，重视学生的参与度，教学民主，双向互动有度。	5	
	2. 教师精神饱满，教态自然亲切，语言富有感染力，讲解简明扼要，具有启发性，点拨适时适度，成效明显。	5	
二、备课的精度25分	1. 教材处理准确、合理，教学过程无知识性错误。	5	
	2. 教学重点把握准确，难点突破切实有效，思想方法渗透到位。	5	
	3. 教学环节完备，结构合理，层次清晰，逻辑性强，能体现数学学科特点。	5	
	4. 学情了解准确，知识呈现梯度合理，符合学生思维层次与认知水平，便于学生探究学习和合作学习。	5	
	5. 教学设计富有创意，能够激发学生的学习兴趣、潜能和参与意识。	5	
三、课堂的调度15分	1. 教师讲解恰当、必要，启发引导合理、有效，课堂生成利用充分，有一定的艺术性。	5	
	2. 课堂教学语言准确，规范精练，教学节奏控制合理，符合学生思维进程与认知特点。	5	
	3. 板书条理清晰，详略恰当，格式规范，重点突出，美观度高，能够完整呈现教学活动思路。	5	

---

① 中华人民共和国教育部. 义务教育数学课程标准（2011年版）[S]. 北京：北京师范大学出版社，2012：2.

续表

维度	评价要点	分值	得分
四、学生的活动度 25 分	1. 学生有充分的思考时间，思维流露得自然、可信，基本活动经验积累丰富。	5	
	2. 学生活动形式多样，探究、自主、合作学习安排恰当、有效，不流于形式。	5	
	3. 学生能够充分发表自己见解，敢于质疑，课堂上多数学生能够展示自我。	5	
	4. 课堂气氛活泼，不同层次的学生能够全员参与，学习积极性高。	5	
	5. 学生参与的持久度高，活动积极，思维活跃，情绪饱满，注意力集中。	5	
五、目标的达度 15 分	1. 能按时完成教学任务，当堂检查正确率高，使学生较好地掌握新学知识，有效达成教学目标。	5	
	2. 教学内容能体现科学性、发展性、实践性的特点，注重学生技能的培养。	5	
	3. 能面向全体学生，因材施教，分层指导，重视调动学生学习积极性，注意学习方法的指导。	5	
六、资源的融合度 10 分	1. 课件、教具使用恰当、必要，能有效提高教学效率、激发学生学习兴趣。	5	
	2. 教学情境丰富，能有机整合社会主义核心价值观等育人资源、其他学科知识资源、社会知识资源等，教学内容具有开放性。	5	
合计		100	

二、推动"热度实践"，增强数学学习兴趣

通过活动使学生拓宽视野，增长知识，培养能力，发展个性，生动、活泼、主动地得到全面和谐的发展。

（一）"热度实践"实施

"热度实践"以年级为单位，每学期开展一次，结合相应课本中的"综合与实践"进行规划实施，可以在课堂，也可以在室外完成。

（二）"热度实践"评价要求

以课程标准的评价理念为指导，坚持"立足过程，促进发展"的原则，进行过程性、多元性、反思性、激励性评价（见表4-1-4）。

表4-1-4 合肥市五十中学"热度实践"评价标准

评价项目	评价标准	分值	教师评价
参与态度	是否主动做好活动的前期准备工作，参与活动时的认真程度，是否认真思考问题，积极动手动脑，大胆提出自己的设想和建议，按时完成计划和学习任务，都可作为评价的依据。	30分	
合作交流精神	活动时积极参与小组活动，有困难时主动寻求帮助，不消极怠工，主动帮助需要帮助的人，认真倾听别人的意见，主动发表自己的见解，乐于一起分享成果。	20分	
探究学习能力	通过活动过程，善于提出问题，解决问题，能够展现出自己的探究精神和实践能力。	30分	
反思能力	通过小组活动，记录过程，可以通过日记、征文等方式反思自己。	20分	

三、组建"热度社团"，浓郁数学学习氛围

"热度社团"面向所有对数学充满兴趣的学生，每周开展一次社团活动，旨在激发学生参与数学学习的主动性和积极性，给予学生足够的空间引导学生自主建设，自主开展活动，是学生数学学习的第二课堂。通过社团活动让学生体验到学习数学的快乐。数学是思维训练体操，数学可以益智，数学可以健脑，数学可以使人变得更加聪明；通过社团活动，思维会变得更加敏捷，解决问题的方法会更高一筹，数学能力将得到进一步的增强。

（一）"热度社团"实施

目前我们已开设"优智、助学、画板"三个社团。"优智"社团招纳一些数学基础扎实、成绩优异的同学，课程难度超于日常作业，准备适中难度的竞赛课题，注重小组合作，共同完成。"助学"社团招纳基础薄弱、平时听课吃力的学生，课程与书本知识相关，目的在于夯实基础，为中考做准备。"画板"社团为那些对几何画板感兴趣的同学设置，初步了解这一软件，以及在数学上面的应用，多媒体与数学教学的融合。

新生初一入学，学校在校园内挂出有关社团的宣传海报，由任课教师入班宣传，学生通过现场报名选择自己感兴趣的课程。为保障社团有序进行，学生填写一份个人信息及特长，经过老师的调研和考察，最终确定学生名单。

社团将于每周三下午统一开展进行，地点固定。每次社团活动需要有详细的活动目标、内容和反馈，学生有事需请假。

（二）"热度社团"评价要求

根据每次社团活动的出勤率，参与活动的积极态度，与其他同学合作交流的能力，以及活动前、活动中表现出的开拓创新的能力，每学期评选优秀团员（见表4-1-5）。

表4-1-5　合肥市五十中学"热度社团"评价表

评价指标		自评	同伴评	老师评	综合评价
过程性评价	社团活动观察				
	社团活动记录				
	社团特色形成				
	特色成果展示				
形成性评价	社团特色成果				
	社团展示形式				
	社团预期成果				

四、开展"热度阅读"，促进数学思维绽放

数学阅读在数学学习中的地位逐年攀升，持续有效的数学阅读增强学生的理解能力，提高学生的分析层次，养成学生的记录、总结、反思等多种习惯。

（一）"热度阅读"的实施

1. 推荐阅读。根据各年级学生的发展水平及思维能力特点，由年级组商讨敲定一两本数学名著或书籍，制订计划，实施阅读和反思，鼓励学生养成做笔记的习惯。

2. 设置校园读书角。将校园读书角区域分至每个年级的每个班，每个班

级的同学自愿捐献心爱的书籍,将这部分书籍放置年级读书角,还可在班级同学同意的前提下购买老师推荐书籍。每周周三轮流一个班级去校园读书角自行阅读。

3. 开展班级阅读分享会。学期末,以班级为单位,举行全班阅读分享会。学生找出自己一学期以来最喜欢的一本书或一学期来在读书中积累的知识经验,说感想、谈心得。

（二）"热度阅读"的评价要求

教师要放手让学生参与,启发和引导学生进入角色,组织好学生之间的合作交流,并照顾到所有的学生。教师不仅要关注结果,更要关注过程,不要急于求成,要鼓励引导学生充分利用"综合与实践"的过程,积累活动经验、展现思考过程、交流收获体会、激发创造潜能。[①]

为促进学生有效参与数学阅读活动,确实达到读有所思、思有所表的效果,制定"热度阅读"的成果评价表（见表4-1-6）。

表4-1-6　合肥市五十中学"热度阅读"评价标准

评价指标	评价			
	自评 ☆☆☆☆☆	互评 ☆☆☆☆☆	教师评价 ☆☆☆☆☆	综合评价 ☆☆☆☆☆
认真阅读 读有所思				
读后反思 有所收获				
进行制作 展示所获				
表达展示 交流分享				

（注：评价等级从高到低设置为：五颗星、四颗星、三颗星、两颗星、一颗星）

五、举办"热度节日",共享数学学习乐趣

"热度节日"的开展,可充分调动学生参与的积极性和主动性,促使学

[①] 中华人民共和国教育部. 义务教育数学课程标准（2011年版）[S]. 北京：北京师范大学出版社,2012：35.

生扩大知识领域，领略节日风情，增强学生在生活实践当中学习数学、应用数学的能力，提升学生的数学学科素养，以及与现实生活所结合的意识。"热度节日"每学期举办一次，分别于4月和10月进行。通过一系列的数学活动，弘扬数学文化，激发学习兴趣，巩固学习成果，让学生喜欢数学，热爱数学。

（一）"热度节日"的实施

"热度节日"，包括几何和代数两方面内容，主要通过学生的动手活动发展学生短时记忆、计算，以及逻辑推理能力。以游戏为载体，"数独、扑克牌、华容道、七巧板"为内容激发学生学习的热情及创造力。

1. 数独游戏。根据不同的年级设置不同难度的游戏，游戏完成即可获得课程通关卡，通过游戏可培养学生的数感以及逻辑推理能力。难度设置与学生的实际水平相呼应，处于学生的最近发展区。

2. 扑克牌游戏。学生可依据自己的能力，选择不同难度的游戏，比如说单人游戏，学生可任意抽取4张扑克牌，运用加减乘除，计算结果为24，每张牌必须用一次且只能用成功即可获得一张课程通关卡。团队游戏，比如两人一组，每一组抽取5张扑克牌，添上括号及加减乘除，达到最快最好的学生，可获得一张课程通关卡。

3. 数学华容道。不同年级的学生根据老师提供的游戏，按照游戏规则运用平移的相关知识完成任务，即可获得课程通关卡。此项活动，发展学生的空间观念的同时，也锻炼了学生的逻辑思维。

4. 巧拼七巧板。此项活动分为三关，第一关拼出指定的图案即可获得一张课程过关卡；第二关在规定时间内拼出指定数量的图案即可获得两张课程通关卡；第3关在规定的时间内用一套七巧板拼出指定数量的创意图案即为通关，可获得一张课程通关卡。通过此项游戏，提高学生的动手操作水平，发展空间观念。

（二）"热度节日"的评价标准

"热度节日"的评价分别从活动方案的时效性、学生参与活动的主体性、活动形式的多样性和活动评价的发展性四个方面进行评价，具体评价标准如下：

1. 活动方案的实效性。活动方案设计基于学生数学素养提升，立足课堂，面向生活。将抽象枯燥的文本信息转化为具体形象的活动内容，提升数学的开放性和趣味性，最大程度地满足中学生的心理需求。"热度节日"通过一系列的游戏来获得数学通关，借此提高学生的参与积极性以及学习的热情。

2. 活动过程的主体性。活动实施以自主活动、亲身实践、主题体验的形式为主，过程组织井然有序、扎实有效，有利于引导学生运用已有知识去探索解决问题。学生在获得对真理发现与把握的同时，放飞思路，张扬个性，培养主体学习的责任心与热情。学生自觉集中注意力和思维力，主动热情地投入活动过程。

3. 活动形式的多样性。以探索未知、发现新知、增强能力、发展智力为原则，根据不同年龄段学生的心理特点和认知水平，设计形式多样的助学活动，力求最大限度地激发学生的参与热情，促使他们将活动体验所得转化为学习能力，学生在丰富多样的活动中体会数学学习乐趣的同时，能够根据所学的数学知识，运用数学思维方式解决面临的问题。

4. 活动评价的发展性。"热度节日"具有开放性、综合性的特点，在评价过程当中，学科组坚持"软评价"原则，注重学生数学能力的过程考核和发展提升，主要以成果展示评价为主，尽可能设置不同的奖项，以及能激起学生学习数学兴趣的游戏等竞赛性活动。在规则上侧重学生学习能力的自我发展与提高。在活动中学生适应社会发展的必备品格和关键能力得到发展，可以获得分析问题和解决问题的一种基本方法，能独立思考，对问题有自己的思想见解，形成反思质疑的意识和回顾思考过程的习惯。

综上所述，"热度数学"以《义务教育数学课程标准（2011年版）》为依据，坚持温度激情、大爱无疆的课程理念，各项数学活动不再是教师单向的传授，而是师生之间、生生之间多向的交流。教师精准而富有表现力或幽默感的教学语言把知识能力和情感、把科学和人文素养的"圣火"温暖地传递给学生，从而点燃他们学习数学的"思维"之火炬，让他们积极参与，主动参与，快乐参与，全员参与到数学活动中。

（撰稿者：张娟　薛咏　樊玲玲　胡志杰）

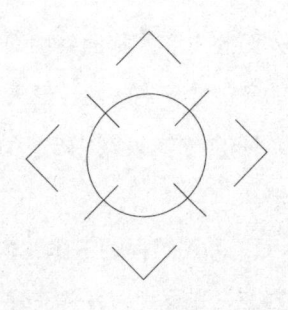

活力生物：探究生命之美

五十中学西校生物教研组由 7 位老师组成，其中高级教师 1 人，中学一级教师 4 人。在日常教学中，老师们坚持开展相互听课、说课、磨课等活动，以此带动教研组教师共同发展。此外，以备课组为单位开展各类教学研究，并形成相应的理论成果，发表在各类期刊杂志上。在教学之外，老师们走出校门，观摩全省甚至全国性的生物教学大赛，学习新方法、新知识，掌握各类新的教学理念，丰富自己的教学实践。教研组教师也多次组织参加省、市优质课大赛及省、市实验说课大赛，均有老师获一等奖。生物教研组每位教师的教学风格都各具特色，课堂教学深受学生喜爱，把我校"大爱于心，致真于行"的教学理念完整地融入教学中，形成一套科学的教学体系。我们依据教育部《关于全面深化课程改革落实立德树人根本任务的意见》和《义务教育生物学课程标准（2011 年版）》等文件要求，推进"活力生物"学科课程群建设。

第一部分　学科课程哲学

一、学科性质

《义务教育生物学课程标准（2011 年版）》明确指出："生物科学是自然科学中的基础学科之一，是研究生物现象和生命活动规律的一门科学。它是农、林、牧、副、渔、医药卫生、环境保护及其他有关应用科学的基础。"① 教育部《关于全面深化课程改革落实立德树人根本任务的意见》指出："立德树人是发展教育事业的核心所在，德育为先，能力为重，全面发展是课程建设的宗旨。"基于上述文件精神，综合考虑学生发展的需要、社会需求和生物科学发展三个方面需求，生物组开展的"活力生物"课程，通过开展多彩生物世界、趣味科学探究、生物技术与生活三个模块的课程内容以帮助学生获得生物学基本事实、概念、原理和规律等方面的基础知识。

二、学科课程理念

《关于全面深化课程改革落实立德树人根本任务的意见》指出："课程是教育思想、教育目的和教育内容的主要载体，集中体现国家意志和社会主义核心价值观，是学校教育教学的基本依据。"结合《义务教育生物学课程标准（2011年版）》的基本理念，本课程方案努力实现面向全体学生，基于学生全面发展、终身发展需要，通过探究性学习，改变学生的学习方式，培养学生主动参与、乐于探究的学习习惯，提升学生获取信息、分析信息的能力，获取知识、分析、解决问题的能力，以及交流合作的能力，提高学生的生物科学核心素养，形成关爱自然、爱护生命的意识。

1. "活力生物"的主要内容是对《义务教育生物学课程标准（2011年版）》规定的10个主题内容的细化和延伸，并结合本地的地理环境、经济发展、社会需求及学校的师资条件、实验条件及设备、场地设施等方面的实际情况，打造出大蜀山植物考察、游览合肥海洋馆和地质博物馆、野外观鸟等丰富多彩、多元化的生物课程。

2. "活力生物"的性质是一门旨在培养学生实验技能和创新意识的课程。生物学是以实验为基础的自然科学，其中观察实验和探究实验是学生认知的基础。通过观察实验（如观察蚂蚁的觅食行为）让学生形成热爱生命、尊重大自然的生态、道德意识。本课程中的酸雨对幼苗生长的影响、馒头的消化、食物腐败的原因等探究活动，是为了使学生掌握获取生物科学知识的一般方法和过程，培养学生的探究能力、创新精神和科学思维。

---

① 中华人民共和国教育部. 义务教育生物课程标准（2011年版）[S]. 北京：北京师范大学出版社，2012：2.

3. "活力生物"是一门基于自然环境和社会背景下，融入情感和价值观教育的课程。课程中设置 Mini 实验田、水培豆苗、食品安全、培养食用平菇、制作生态瓶、饲养蚁蚕、生物科技大讲堂、传染病的预防等内容，通过相应的观察和探究实验，让学生感悟生命的美好，形成相应的生命观念；在不断探索中，通过"实践"和"实验"，在"证实"和"证伪"之间养成严谨、求真的科学精神，懂得务实、诚信的重要性；学生在不断的生活实践中，激发对家乡和祖国的热爱，建立责任感，形成对社会的关注意识和参与意识，践行"立德树人"的教学宗旨。

第二部分　学科课程目标

《义务教育生物学课程标准（2011年版）》指出："通过义务教育阶段生物学课程的学习，学生将在以下几方面得到发展。获得生物学基本事实、概念、原理和规律等方面的基础知识，了解并关注这些知识在生活、生产和社会发展中的应用。初步具有生物学实验操作的基本技能、一定的科学探究和实践能力，养成科学思维的习惯。理解人与自然和谐发展的意义，提高环境保护意识。初步形成生物学基本观点、创新意识和科学态度，并为确立辩证唯物主义世界观奠定必要的基础。"[①] 为了实现上述目标，必须培养"生命观念、理性思维、科学探究、社会责任"四大核心素养。

一、学科课程总目标

我校"活力生物"学科课程目标为：使学生获得基本的生物学知识，领悟生命观念，掌握探究的方法及生物科学思维。形成科学态度及终身学习的理念。

（一）知识与技能

1. 获得关于生物体的结构层次、生命活动、生物多样性、生物进化，以及现代生物技术等相关的概念原理。

---

① 中华人民共和国教育部. 义务教育生物课程标准（2011年版）[S]. 北京：北京师范大学出版社，2012：3.

2. 获得有关人体生理结构及相关功能的知识，促进身心健康发展。

3. 知道生物学原理、规律及生物技术在实际生活中的应用和可能产生的影响。

（二）过程与方法

1. 正确使用显微镜等生物实验器具，发展一定的实验操作能力。

2. 基本掌握采集信息并对信息进行处理分析的能力。

3. 初步掌握科学探究的一般方法，在探究实验中培养合作、交流、创新能力。

4. 初步学会利用所学生物学知识和技能解决现实生活中的问题。

（三）情感态度与价值观

1. 了解我国的生物资源状况和生物技术发展态势，培养热爱家乡和祖国的情感。

2. 热爱生命，保护生命，理解人与自然和谐发展的重要意义。

3. 形成严谨、实事求是的科学态度以及创新意识。

4. 关注生活中与生物学有关的问题，热心讨论，积极参与决策。

二、学科课程年段目标

在课程总目标的基础上，根据各年级不同的学情，制定分年段课程目标，这里，我们以七年级为例，阐述学科课程年段目标（见表4-2-1）。

表4-2-1 合肥市五十中学西校"活力生物"拓展课程七年级年段目标

年段	阶段目标		
	多彩生物世界	趣味科学探究	生物技术与生活
七年级上学期	1. 说出显微镜的基本构造和作用。 2. 正确使用显微镜和制作临时装片。 3. 知道动植物细胞结构上的主要区别。 4. 认识并调查我们身边的生物。	1. 说出科学探究的一般步骤。 2. 学会设置单一变量，减少其他实验干扰因素的影响。	1. 正确使用显微镜等实验用具，具备一定的实验操作技能。 2. 体验一种常见植物的栽培过程。 3. 概述植物生长发育的不同阶段。

续表

年段	阶段目标		
	多彩生物世界	趣味科学探究	生物技术与生活
七年级下学期	1. 说出人体的主要结构和相应的生理功能。 2. 理解人体结构和功能相适应的关系。 3. 理解人的各种生命活动，养成热爱生命、尊重自我、关爱他人的高尚品格。	1. 利用多种方式呈现证据、数据，并进行科学的分析和判断。 2. 在科学探究中增强创新、合作意识。 3. 概述探究，了解神经系统和内分泌系统对人体的调节过程。	1. 获取关于青春期身心健康的基本知识。 2. 关注食品安全。 3. 通过对人工智能内容的学习，进一步了解人的运动、行为、思维的基本过程和原理。感受不同学科知识间的交叉融合。 4. 认识传染病对社会的危害。

第三部分　学科课程框架

我校生物学科课程框架是依据《义务教育生物学课程标准（2011年版）》相关要求，以《关于全面深化课程改革落实立德树人根本任务的意见》为指导，面向全体学生，着力提升学生的生物科学核心素养。

一、学科课程结构

根据《义务教育生物学课程标准（2011年版）》《初中生物学科核心素养》，结合我校教师水平、学生情况及学校资源，我校生物教研组拟定了"活力生物"学科课程结构，包括基础课程和拓展课程两大类。基础课程内容包括10个主题：1. 探索生命的奥秘；2. 生物体的结构层次；3. 生物圈中的绿色植物；4. 生物圈中的人；5. 生物的多样性；6. 动物的运动和行为；7. 生物与环境是统一体；8. 生物的生殖、发育与遗传；9. 生物技术；10. 健康地生活。拓展课程围绕基础课程展开，具体划分为"多彩生物世界""趣味科学探究""生物技术与生活"三大类别，其结构如图（见图4-2-1）。

1. 多彩生物世界。不同种类的生物是生物学研究的主要对象，该部分涵

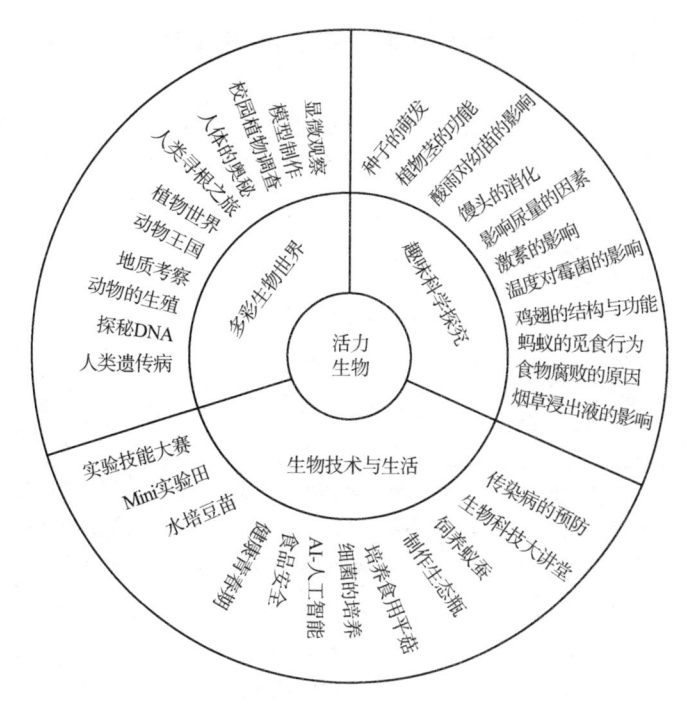

图 4-2-1 合肥市五十中学西校"活力生物"课程结构图

盖了生物体的结构层次、生物圈中的绿色植物、生物圈中的人、其他动物、生物多样性等大部分内容。通过这部分活动,学生可更全面地了解生物界各种生物的特征以及之间的相互关系,可激发学生探索外部生物世界的兴趣,以及保护生物多样性、热爱自然、珍爱生命的意识。

2. 趣味科学探究。生物科学探究是学生主动探索,获取生物知识,体验到探究的一般方法,体验到科学研究的一般过程,进而形成一定的科学观念,培养了他们团队合作的意识和创作意识。

3. 生物技术与生活。生物技术的迅猛发展,深刻影响了我们的日常生活,也带动了相关产业的长足发展。学生在生物课程中及时关注生物技术,了解生物技术,掌握一定的生物技术,是新时期课程对学生的新的要求。体现了科学、技术、社会连贯的理念。

二、学科课程设置

"活力生物"课程针对不同的年级开展相应的活动,通过基础课程实现对学生基本生物学素养的培养,通过拓展课程实现学生探究能力的提升、创新精神和创新能力的培养。"活力生物"拓展课程的具体课程设置如下（见表4-2-2）。

表4-2-2　合肥市五十中西校"活力生物"课程设置表

		多彩生物世界	趣味科学探究	生物技术与生活
七年级	上学期	显微观察 模型制作 校园植物调查	种子的萌发 植物茎的功能 酸雨对幼苗的影响	实验技能大赛 Mini 实验田 水培豆苗
	下学期	人体的奥秘 人类寻根之旅	馒头的消化 影响尿量的因素 激素的影响	健康青春期 食品安全 AI-人工智能
八年级	上学期	植物世界 动物王国 地质考察	温度对霉菌的影响 鸡翅的结构与功能 蚂蚁的觅食行为	细菌的培养 培养食用平菇 制作生态瓶
	下学期	动物的生殖 探秘 DNA 人类遗传病	鸡卵孵化的条件 食物腐败的原因 烟草浸出液对植物的影响	饲养蚁蚕 生物科技大讲堂 传染病的预防

第四部分　学科课程实施

"活力生物"学科课程的目标是使学生的生物学核心素养得到全面提升，而这个目标的完成要通过扎实的基础课程的推进和丰富的拓展活动的开展来实现。为此，"活力生物"学科课程从建构活力课堂、开发学科选修课程、创设活力生物节、建设活力生物社团，拓展生物研学这几方面实施。

一、建构"活力课堂"，扎实推进学科基础课程

课堂是推进学科课程实施的主要渠道，生物学课程的研究对象是鲜活的生命体，因此，要让课堂真正富有活力。教师可采用观察、自主探究实验、游戏、主题讨论等多种形式来激发学生的学习兴趣和热情，让课堂气氛活跃起来，让学生充分享受学习的快乐，实现课堂效率的提高。

"活力课堂"是"自主探究、合作分享、开放、智慧"的课堂。

自主探究的课堂就是把时间还给学生，任务交给学生。重视学生的主体

地位，从学生的视角来开展实验。既重视基本知识、基本技能的获取，还要重视过程方法，发展学生的能力及创新意识。

合作分享，通过合作分享可以培养学生合作学习的能力，有利于在合作的过程中获取新知，体验不同思维相互碰撞的火花，使个体的群体交流能力得到提升并获得群体的智慧。

开放的课堂能够扩大学生思考的空间，解开传统教育方法模式的束缚。学生可以提出开放性的问题，教师们也可以选择性地提供开放性的内容材料和教学方式，使课堂与社会、家庭，与过去、将来相联系，使课堂走向自由开放，不断生成新的智慧，增强课堂的生命力。

活力课堂是智慧的课堂。在"应试教育"下，课堂上注重的是知识，而不是智慧；学生最终获得的只是知识，而不是智慧。用机械训练、灌输的方法，所得到的知识产生不了智慧。智慧有其鲜明的外部特征：愉快、欢悦、幸福，这是智慧的表情，学生要有自由愉快的心态，再加上老师的智慧设计启发，课堂就有了智慧的光芒。

二、创设"活力生物节"，浓郁科学与人文精神

结合我校生物课程开设情况，为进一步拓展学生思维，丰富学生的课外生活，提高生物的学习兴趣，培养学生的创新精神和综合实践能力等。生物教研组提出创设"活力生物节"活动。

开展生物主题教育周活动，例如：3月12日——中国植树节，3月22日——世界水资源日，5月20日——中国学生营养日，5月1—7日——安徽省爱鸟周，5月31日——世界无烟日，12月1日——世界艾滋病日等。在相应主题周组织学生设计宣传海报并展出。

每学期根据不同年级学习内容不同，安排相应的主题活动，如七年级安排生物模型制作大赛、生物实验技能大赛、健康青春期专题讲座、食品安全专题讲座。八年级安排毒品的危害、传染病的预防等。

三、建设"活力生物社团"，展示生物学魅力

生物社团活动是学校生物课堂教学的延伸性活动，通过多样的小组活动来巩固、加深和扩大学生的生物学知识，培养学生对生物学科的兴趣，提高学

生的探究能力，培养学生的基本素养。以及各方面的发展符合社会的需求，让学生更多地了解生物科学的新进展及其在生活中的广泛应用。为此，我们生物教研组开设了多个具有知识性、趣味性的生物社团，吸引了广大学生积极参与，其中"奥西里斯"生物社团受到广大师生一致好评。

我校活力生物社团已经制定了详尽的社团章程和全面的规章制度，同时也具有优越的开展条件，如：配备整齐的生物实验室，有去大蜀山观察生物的距离优势，有专业的专职辅导老师等。在灵活利用社会资源上，我们安排了参观合肥海洋馆和合肥地质博物馆等。

四、拓展生物研学，全面提升学生素养

为了拓展学生的视野、丰富其生物学知识、加深与自然和文化的亲近感，积极践行"读万卷书，行万里路"的教育理念，同时结合合肥市周边的生物环境资源特点，我校生物教研组提出如下学期生物研学计划。

升金湖观鸟。升金湖有着"中国鹤湖"之称，位于安徽省东至县境内，气候温和，水体无污染，周围自然植被繁茂，是珍稀候鸟越冬栖息的理想处所。每年的秋冬季节，生物组教师设计观鸟活动方案，指导学生查阅资料，做好相关研学准备工作。通过与大自然的接触，既能拓展学生的知识面，也能激发学生爱护鸟类、珍惜生命的情感。

游览合肥海洋世界。每年夏季学习期，教师制订好活动计划，组织学生游览合肥海洋世界。合肥海洋世界涵盖了不同水域的多种不同物种，充分展示生命奇妙和谐的生存方式。具体包括：溪流、湖泊、雨林、江河直到广阔的海洋等各种微型模拟生态系统景观，使得学生可以近距离观赏到各种有代表性的动物，以及它们的栖息环境，从而体会到大自然生命的和谐与神奇。

游览安徽省地质博物馆。每学年的第一学期，生物组教师设计活动方案，组织带领八年级学生参观安徽省地质博物馆（安徽古生物化石博物馆）。通过参观活动，可以让学生更清晰地感受到生物进化的漫漫历程。

在本课程方案的推进过程中，教师教学理念与教学方式、学生的认知水平、师生关系等都发生了质的转变。总之，课程的核心始终围绕学生的终身发展和全面素养的提升，始终朝向推动社会进步的方向而发力。

（撰稿者：张晓明　胡志杰　闵静　黄庆侠　田义明　徐鹏）

第五章

质量获致：
学科课程的实施途径

学校应坚持立德树人，落实"五育并举"，畅通课程实施渠道，结合课程本身特点和目标定位选择契合的实施途径。只有通过多样化的课程实施途径，才能实现课程广泛的、持久的育人价值，为学生打开认识世界的窗口。

课程实施是提升课程品质和课程质量的保障。五十中学西校坚持立德树人，"五育并举"育新人，关注学科课程素养，基于育人目标和办学理念来规划课程结构，深入思考学校课程设置与学校现有课程资源的匹配程度研发了学科课程，通过实践探索，五十中学西校确定以下的课程实施途径：

以三尺讲台为载体的课堂学习。我们充分发挥课堂教学的主阵地作用，将课程内容落实到各学科课程的教学目标之中，根据不同年级和不同课程特点，将各课程融入课堂教学全过程。潜移默化地对学生进行世界观、人生观和价值观的引导，在课程学习中提升学生核心素养，提高课程质量。

以多元社团活动为载体的社团学习。社团是一个舞台，学生能够展现自我的风采。五十中学西校举办各类社团活动，如：微银行、玲珑巧艺、掷地有声、群英荟萃、神机妙算、妙笔生花等，在社团活动课程负责老师的指导下，学生交流技艺，展示才华。学校还积极承办国家、省、市、区级展示活动，集聚广大学生、家长、专家、同行的力量，共同推进课程的实施，提升课程品质。

以校内外实践基地为载体的场馆学习。场馆学习作为非正式学习的重要形式，学习的特点主要体现在：场馆学习的情境性、自主选择性、主动探究性，以及结果输出的多元性。五十中学西校在有效整合和充分使用校内课程资源的同时，与社会实践基地以及社会文化场所进行合作，利用拓展广泛的校外课程资源，学生参与社会服务、社会实践及社会场馆学习，推动场馆学习与学校课程的深度合作，将知识类学习与实践类学习相融合。五十中学西校开设了丰富的场馆学习课程，如：和谐地理课程，参观天文馆、天文台，拍摄天文现象，游览合肥海洋馆和地质博物馆等。

以各级各类比赛为载体的赛事学习。赛事学习即在特定的规则之中，让参赛者在智力、体能、技术、技能等方面进行单项或综合的较量，最终依照规则评定出胜负或者排名的一种学习形式。五十中西校积极组织学生参与各类比赛，努力搭建赛事平台，如：语文汉字书写大赛，数学华容道，英语嘉年华，生物"和谐竞赛"，美术手绘校园，音乐戏曲新唱等，以赛激趣、以赛促学、以赛促用。赛事学习旨在帮助学生通过智力、体能、技术、技能等方面的单项或综合较量，获得学习的成就感，为其终身发展提供多种可能性。

以研学旅行为载体的行走学习。阅古今之鉴，方知天地乃宽；揽中外之胜，心怀诗与远方。行走学习让学生接触更为广阔而真实的世界。五十中学西校开展国际、国内研学交流，大蜀山植物考察，野外观鸟，参观污水处理厂等课程活动。学生在行走课程中感悟自然、探寻真理、走进社会、历练人生，形成多元开放思维。

以跨学科整合为载体的项目学习。项目学习中每个项目都是独立的，它是让学生参与到真实的问题解决中接受挑战、主动探究，创造出某件作品并完成重要知识的学习。五十中学西校课程涵盖"全拓展""大科学""新体艺""微德育"四大领域，围绕"爱真理、求真知、做真人"的总课程目标开展项目式学习。五十中学西校设置了"钱学森班课程""博士课程""科技创新课程""创客动手做课程""信息学课程""机器人课程"为学生提供丰富的项目式学习课程，项目学习让学生参与到复杂的、真实的项目中，学生在问题解决中接受挑战、主动探究，让学习的过程变得完整而有意义。

五十中学西校丰富、多元开放的课程实施途径让师生共同行动，既丰富了教师的教学内容，又满足了学生个性发展的需求，确保了育人过程的高质量发展。

（撰稿者：　胡志杰　王卉娟）

绚彩化学：化学与美好生活

合肥市五十中学西校教育集团化学学科教研组由 9 位老师组成。有经验丰富的老教师 5 位，有年富力强的中年教师 4 位；教师职称比例适中，中学高级职称 4 位老师，中学一级职称 5 位老师，有 2 位老师具有研究生学历。教研组秉持"学习化学使生活更美好"的理念，依据教育部《关于全面深化课程改革落实立德树人根本任务的意见》《义务教育化学课程标准（2011 年版）》等文件精神，推进化学学科课程建设。

第一部分　学科课程哲学

一、学科性质观和价值观

《义务教育化学课程标准（2011 年版）》明确指出：义务教育阶段的化学课程是科学教育的重要组成部分，具有启蒙性和基础性的特点。一方面，要提供给学生未来发展所应具备的最基础的化学知识和实验技能，使学生能够从化学的角度初步认识世界的物质性，提高学生运用化学知识、科学方法分析和解决实际生活中一些简单问题的能力；另一方面，要帮助学生体验科学探究，在活动中启迪学生的思维，激发学生交流讨论，提高学生的实践能力，拓展学生的视野，引导学生初步认识化学与资源、化学与环境、化学与人类健康的关系，逐步树立科学发展观，增强对自然和社会的责任感，认识化学对社会发展所起的重要作用，在实践中不断培养创新意识，使他们将来在面临和处理与化学有关社会问题的挑战时，能作出更理智、更科学的思考和判断。

化学教研组依据《义务教育化学课程标准（2011年版）》，结合教学实际、构建校本化学科课程体系，引导学生在学习中阅读、思考、表达、应用，鼓励学生用所学知识解决生活中的实际问题，鼓励学生动手实践，培养具有严谨的科学态度和自主实践能力的学生。

学生通过化学课程的学习，对化学问题和现象进行探究与实践，掌握和理解化学知识与原理，发展化学思维能力，培养创新精神。建立起科学的物质观，树立起追求真理、崇尚科学、敢于探索和勇于创新的科学精神，并学会用科学的态度和观点去评析各种问题与现象。

二、学科课程理念

"绚彩化学"为学生提供丰富多彩的课程，满足不同学生的需要，让化学与生活紧密结合，感受化学变化的奇妙的同时，进一步感受化学学科的趣味性和魅力，在实验操作中培养学生的合作能力，体现尊重个体差异，全面育人的宗旨，为学生提供潜能开发与认知发展，促进学生主动、和谐发展的多种途径，让学生更加热爱美好的生活。

（一）"绚彩化学"是使知识更加丰富的化学

化学与我们的衣、食、住、行，与人类生活密切相关，人们赖以生存的空气和水，每日吃的各类食物，取暖用的煤炭，建筑用的材料都是化学物质。"绚彩化学"是从生活的基本事实入手，引导学生认识化学，了解化学，对化学学科产生兴趣。通过学习，激发学生对化学学科的兴趣，促进学生养成良好的饮食习惯、健康的生活方式，培养学生的合作探究精神。

（二）"绚彩化学"是重能力培养的化学

化学与生活之间联系紧密，生活中化学无处不在，同时也具有严谨性和创新性，"绚彩化学"通过培养学生的自主学习、探究和应用能力，让学生逐步学会分析和解决学习过程中、生活中与化学有关的实际问题，能够促使学生养成科学方法和科学精神，能启迪学生思维和培养学生的创新意识。

（三）"绚彩化学"是焕发思维光芒的化学

学生思维能力的发展需要教师的"引"，更需要学生自己去"悟"。"绚彩化学"通过深度挖掘、合理提取教学材料，用好、用准学生思维发展的生长点，给学生充足的时间和空间，让学生自觉地思考与探究，自发地质疑和思辨，自主地实践与反思，从而实现思维品质的提升。

第二部分 学科课程目标

《义务教育化学课程标准（2011年版）》指出："义务教育阶段的化学课程以提高学生的科学素养为主旨，激发学生学习化学的兴趣，帮助学生了解科学探究的基本过程和方法，培养学生的科学探究能力，获得进一步学习和发展所需要的化学基础知识和基本技能；引导学生认识化学在促进社会发展和提高人类生活质量方面的重要作用，通过化学学习培养学生的合作精神和社会责任感，培养学生的民族自尊心、自信心和自豪感，引导学生学会学习、学会生存，更好地适应现代生活。"①

一、学科课程总体目标

我校"绚彩化学"学科课程目标从"培养学生的科学探究能力，获得进一步学习和发展所需要的化学基础知识和基本技能，通过化学学习培养学生的合作精神和社会责任感"这一核心理念出发，使学生在知识与技能、过程与方法、情感态度与价值观三个方面得到发展。

（一）知识与技能

1. 认识身边一些常见物质的组成、性质及其在社会生产和生活中的初步应用，能用简单的化学语言予以描述。

2. 形成基本的化学概念，初步认识物质的微观构成，了解化学变化的基本特征，初步认识物质的性质与用途之间的关系。

3. 了解化学与社会和技术的相互联系，并能以此分析有关的简单问题。

4. 初步形成基本的化学实验技能，初步学会设计并能完成一些简单的化学实验。

---

① 教育部. 义务教育化学课程标准（2011年版）[M]. 北京：北京师范大学出版社，2012.

（二） 过程与方法

1. 认识科学探究的意义和基本过程，进行简单的探究活动，增进对科学探究的体验。

2. 初步学习运用观察、实验等方法获取信息，能用文字、图表和化学语言表述有关的信息，初步学习运用比较、分类、归纳、概括等方法对获取的信息进行加工。

3. 能用变化和联系的观点分析常见的化学现象，说明并解释一些简单的化学问题。

4. 能主动与他人进行交流和讨论，清楚地表达自己的观点，逐步形成良好的学习习惯和学习方法。

（三） 情感态度与价值观

1. 保持和增强对生活和自然界中化学现象的好奇心和探究欲望，发展学习化学的兴趣。

2. 初步建立科学的物质观，增进对"世界是物质的""物质是变化的"等辩证唯物主义观点的认识，逐步树立崇尚科学、反对迷信的观念。

3. 感受并赞赏化学对改善人类生活和促进社会发展的积极作用，关注与化学有关的某些社会问题，初步形成主动参与社会决策的意识。

4. 增强安全意识，逐步树立珍惜资源、爱护环境、合理使用化学物质的可持续发展观念。

5. 初步养成勤于思考、敢于质疑、严谨求实、乐于实践、善于合作、勇于创新等科学品质。

6. 增强热爱祖国的情感，树立为民族复兴和社会进步学习化学的志向。

二、学科课程年段目标

依据《义务教育化学课程标准（2011年版）》中阐述的总体目标的要求，结合五十中学西校课程，我们以九年级为例，设置了以下学科课程年段目标（见表5-1-1）。

表 5-1-1　五十中学西校绚彩化学课程年段目标

九年级上册		
课题	活动内容	阶段性目标
绚彩物质世界	1. 药品分类 2. 化学辩论赛	1. 通过具体的事例，体会化学与人类进步及社会发展的密切关系，认识化学学习的价值。 2. 引导学生关注一些生活和社会中与化学有关的问题，激发他们亲近化学、热爱化学并渴望了解化学的情感。 3. 知道化学是在分子、原子的层次上研究物质的性质、组成、结构与变化规律的科学。 4. 加强化学发展史的教育，让学生认识到只有应用科学实验的方法，尊重事实，才能摆脱传统错误理论的束缚，得到正确的结论。
绚彩物质变化	1. 化学小竞赛 2. 魔幻化学实验	1. 引导学生主动参与、积极思考、广泛交流，从生活中常见的、与化学有关的事实、现象和问题出发，培养学习化学的兴趣。 2. 建立有关物质变化和性质的基本概念，结合具体事例了解化学的研究内容、范围和特点。 3. 体会实验探究的重要过程和方法，初步学会一些化学实验基本操作。 4. 以学生熟悉的空气作为系统学习和研究化学的开始，引导学生进入化学殿堂。 5. 加强科学方法教育，有意识地引导学生学习和运用科学方法。 6. 加强化学与社会的联系，融思想、情感教育于学生的学习过程中。
绚彩微观世界	1. 科普讲座 2. 模型构建	1. 通过对微观粒子及运动的不断探究和发现来认识并解释宏观物质的组成、结构、性质和变化规律，促进学生科学物质观、世界观的形成。 2. 熟练运用化学用语和符号，这些基本概念是支撑和构建化学知识结构的重要结点，也是学习化学其他知识板块的重要基础和工具。 3. 深入挖掘并充分利用教育、教学资源，进行有应用价值的科学方法和过程教学。 4. 通过实验认识质量守恒定律，从微观角度解释质量守恒定律，培养学生严谨求实的科学精神。 5. 通过分析具体的化学反应，理解化学方程式的含义，了解书写化学方程式应遵守的原则。 6. 学会利用化学方程式进行物质量的计算，认识化学计算对于解决实际问题的重要意义。

续 表

九年级上册		
课题	活动内容	阶段性目标
绚彩化学与美好生活	1. 参观污水处理厂 2. 环保小卫士	1. 联系实际了解水在自然界的作用、水资源的状况及其净化、保护等社会热点问题。 2. 从宏观到微观了解水的组成，学习单质、化合物、化合价及化学式等基本概念。 3. 学习电解、过滤及蒸馏等试验操作，将化学概念和实验贯穿于化学学习过程中。 4. 认识燃烧和灭火的原理，增强安全意识，提高运用化学知识解决实际问题的能力。 5. 知道化学反应时伴随着能量变化，认识通过化学反应实现能量转换的重要性。 6. 了解化石燃料的不可再生性，燃料充分燃烧的重要性，树立环境保护意识。
绚彩化学探究	1. 化学小剧场 2. 化学魔术	1. 了解碳元素组成的几种单质性质的特点和用途，以碳的单质为载体，认识科学发展无止境。 2. 通过对二氧化碳制取原理和装置的学习，掌握实验室制取气体的一般思路和方法。 3. 了解二氧化碳和一氧化碳的性质，以及在生活和生产中的用途。 4. 了解自然界中碳、氧循环。 5. 通过对制取气体的思路和方法学习，能设计、制取一些气体。
九年级下册		
绚彩物质世界	1. 趣味猜灯谜 2. 物质用途辨析	1. 了解常见金属材料，知道什么是合金及合金的优点，知道物质性质在很大程度上决定用途。 2. 了解常见金属的化学性质，掌握比较金属活动性强弱的一些方法，并解释生活中有关化学问题。 3. 了解钢铁的冶炼，知道废弃金属对环境的影响，认识金属资源保护的重要意义。 4. 掌握物质分类的一般方法。
绚彩微观世界	1. 科普讲座 2. 虚幻模拟	1. 认识溶解现象，了解溶液概念、乳化现象，了解溶液在生活、生产及科学研究中的广泛应用。 2. 了解饱和溶液、溶解度，学会绘制和分析溶解度曲线，学会数据分析和数据处理的方法。 3. 了解溶质质量分数的含义，掌握溶质质量分数的计算方法，了解溶质质量分数在实际中的应用。 4. 会依据物质的溶解度不同分离、提纯物质。

续　表

九年级下册		
课题	活动内容	阶段性目标
绚彩物质变化	1. 流程设计 2. 我能制取新物质	1. 认识常见酸和碱的主要性质和用途，掌握酸碱指示剂的使用，了解酸、碱的安全常识。 2. 认识酸和碱的中和反应，了解酸和碱对生命活动和农作物的影响，了解中和反应在实际中的应用。 3. 学会利用 pH 试纸检测溶液的酸碱度，了解溶液的酸碱度在实际中的意义。
绚彩化学探究	1. 创新实验 2. 产品设计与制作	1. 了解一些化合物的组成、性质和用途，能根据复分解反应发生的条件，判断反应能否发生。 2. 体会分类学习的方法和意义。学会一些物质分离、提纯的常见方法。
绚彩化学与美好生活	1. 社会调查 2. 厨房大揭秘	1. 知道蛋白质、糖类、油脂、维生素、无机盐和水六大基本类营养素及与人体健康的关系。 2. 了解某些元素对人体健康的重要作用，初步认识化学在帮助人类健康与战胜疾病的重大贡献。 3. 了解有机物和三大合成材料，认识新材料对人类社会进步所起的重要作用和对环境的影响。 4. 了解化肥、农药的作用及对环境的影响，培养运用所学知识和技能解决实际问题的能力。

第三部分　学科课程框架

为了实现上述课程目标我们建构了学校的"绚彩化学"课程体系，满足学生个性发展需求，全面提升学生的化学素养。

一、学科课程结构

按照《义务教育化学课程标准（2011 年版）》的"科学探究""身边的化学物质""物质构成的奥秘""物质的化学变化""化学与社会发展"五部分课

程内容，① 基于人民教育出版社出版的义务教育化学教科书为主要教材和学材范本，促使学生养成科学方法和科学精神，启迪学生思维和培养学生的创新意识，将"绚彩化学"课程设置为相应的"绚彩化学探究""绚彩物质世界""绚彩物质变化""绚彩微观世界""绚彩化学与美好生活"五大类别（见图5-1-1）。

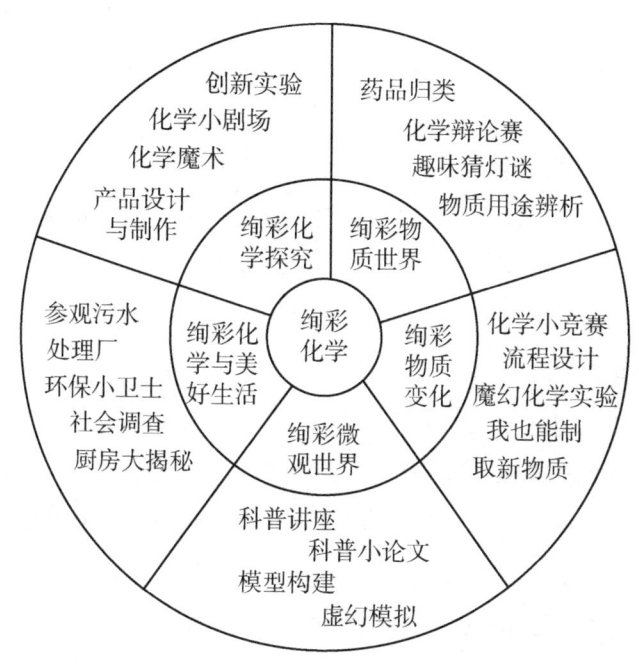

图5-1-1 五十中学西校"绚彩化学"课程结构图

（一）绚彩化学探究

内容主要为创新实验、化学小剧场、化学魔术、产品设计与制作，学生通过设计和参与相关课程的活动，以愉快的心情去学习生动有趣的化学，积极探究化学变化的奥秘，增强了学习化学的兴趣和学好化学的自信心，培养了终身学习的意识和能力，树立了为民族复兴和社会进步而勤奋学习的志向。

（二）绚彩物质世界

内容主要为药品分类、化学辩论赛、趣味猜灯谜、物质用途辨析，学生

---

① 中华人民共和国教育部. 义务教育化学课程标准（2011年版）[S]. 北京：北京师范大学出版社，2012.

们从自身已有的经验出发,在熟悉的生活情景和社会实践中感受化学的重要性,了解了化学与日常生活的密切关系,逐步学会了分析和解决与化学有关的一些简单的实际问题。

（三）绚彩物质变化

内容主要为化学小竞赛、流程设计、魔幻化学实验、我能制取新物质,学生在生动有趣的活动中有更多的机会主动地体验探究过程,在知识的形成、联系、应用过程中培养科学的态度,获得科学的方法,在"做科学"的探究实践中逐步形成终身学习的意识和能力。

（四）绚彩微观世界

内容主要为科普讲座、科普小论文、模型构建、虚幻模拟,学生在微观教学活动过程中,化微观为宏观,变抽象为形象,更容易理解和掌握微观化学世界,进而增强学习能力,引领学生进入奇妙的化学微观世界,领略化学世界中超乎想象的美丽!

（五）绚彩化学与美好生活

内容主要为参观污水处理厂、环保小卫士、社会调查、厨房大揭秘,学生在实际活动过程中初步了解了化学对人类文明发展的巨大贡献,认识了化学在实现人与自然和谐共处、促进人类和社会可持续发展中的地位和作用,相信化学为实现人类更美好的未来将继续发挥它的重大作用。

二、学科课程设置

表5-1-2　五十中学西校绚彩化学课程设置表

内容		拓展型课程				
		绚彩化学探究	绚彩物质世界	绚彩物质变化	绚彩微观世界	绚彩化学与美好生活
九年级	上学期	化学小剧场 化学魔术	药品分类 化学辩论赛	化学小竞赛 魔幻化学实验	科普讲座 模型构建	参观污水处理厂 环保小卫士
	下学期	创新实验 产品设计与制作	趣味猜灯谜 物质用途辨析	流程设计 我能制取新物质	科普小论文 虚幻模拟	社会调查、厨房大揭秘

第四部分 学科课程实施与评价

一、打造"绚彩化学课堂",提升学科核心素养

"绚彩化学课堂"通过情境式引导,调动学生的学习积极性,让学生学习身边、生活中的化学;让学生学习有用的、现实中的化学;让学生学习有情景、有逻辑、有辨析的化学。同时通过情境的创设,为学生提供发展的舞台,引导学生积极主动地学习;通过教师、学生学习共同体的建设,发展学生思维,提高学生的学习能力。

(一)"绚彩化学课堂"的基本要求

"绚彩化学课堂"要求教师运用自己的教学方式和教学艺术,进行多角度、多样化的设计,充分调动学生学习的积极性,创建使学生情智交融、协调发展的课堂。其主要任务是提炼"绚彩化学"的核心素养,探索"科学探究、身边的化学物质、物质构成的奥秘、物质的化学变化、化学与社会发展"五大化学学科核心素养在教学中的实践,要求教师从学科教学走向学科教育。

"绚彩化学课堂"根据学生的特点,依据知识横向交织、纵向螺旋上升的规律,从以下四个方面开展目的明确、内容丰富、形式多样、气氛愉悦的学习活动。

1. 兴趣入手。兴趣是最好的老师,但是不同于好奇心,兴趣是保持长时间的注意力并有主动的欲望及相应的行为。要求教师能提前了解学情,做好学习前测,从学生的兴趣点入手。

2. 问题引领。教学中鼓励学生先会"问",然后会"学",在思考、分析、解决问题的过程中,转变学习态度,变被动为主动。学生以问题引领进行深度思考,推动学生达到高阶思维,有助于学科素养进一步提高。

3. 任务驱动。教师要根据学生的实际给予学生明确的任务,学生要明白自己具体要干什么,才会去寻找怎么干的方法。任务就像是一个点,学生的思维与方法像是从这个点引发出的无数条线,这是一个自我开发、自我认可、自我发展的过程,引领学生建立正确的个人价值观。

4. 实践探究。态度决定一切，内部动力及明确的目标促生实践探究，学生在足够的时间和空间中"经历观察、实践、猜想、计算、推理、验证等活动过程"，确立自己的目标，指引学生学习的方向，磨砺学生的意志，塑造学生良好的品格。

（二）"绚彩化学课堂"的评价标准

坚持全面评价的原则，拓展多样化评价的评价途径，采用定性评价和定量评价相结合，过程性评价和终结性评价相结合的方式，增强学生的自信。通过评价，规范教师的教学，完善"绚彩化学课堂"的构成要素，提高"绚彩化学课堂"的教学质量（见表5-1-3）。

表5-1-3 "绚彩化学课堂"的评价标准

评价项目	评价标准
目标适切	学习目标设置紧扣课标和学段要求，体现教材特点，切合学情。
内容切实	1. 学习内容以问题的形式呈现，用问题引导学生学习，将学习目标具体化，为学生提供的学习任务能切实成为组织学生学习活动的指南针。 2. 符合学情，立足化学学科素养，创造性使用教材与其他教学资源。学科知识、技能和情感态度得到具体落实。
过程扎实	1. 体现学生的主体地位，引导学生敢于质疑、乐于研究、主动合作，帮助学生在自主探索、动手实践和合作交流中增强能力，从学会、会学到乐学。 2. 教学相长，创设有利于学生个性发展的开放的学习环境，注重培养学生提出问题、分析问题和解决问题的能力。
方法智慧	1. 教师善于引导、鼓励学生质疑，以问题为驱动，帮助学生形成主动研究、主动参与和主动解决问题的能力。 2. 教法灵活，注重学法指导，能适时有效地介入课堂。 3. 体现"以学定教"，教师在充分了解学生已有的知识经验、能力起始点和思维延伸点的基础上组织教学，让真实的学习在课堂发生。
师生相成	1. 师生关系和谐，教师充分发挥组织、引导、示范、释疑和调控的主导作用。 2. 教师能及时发现，并利用课堂上生成的课程资源，在促进学生发展的同时增强自己的教学能力。 3. 课堂气氛轻松，学生思维活跃，勤动手、敢质疑，能大胆陈述自己的意见。
文化晶亮	1. 学生课堂参与面广，参与率高，学习过程活动充分，学习结果积累丰富。 2. 学生勇于表达自己的观点，尊重别人的意见，有效进行小组活动，分工合作，互帮互学。

二、建设"绚彩化学社团",享受化学快乐生活

社团作为学生们兴趣特长得以张扬的主要载体,"绚彩化学社团"立足化学学科的特点,结合学生们的兴趣爱好,引导学生在快乐中探究化学,在实践中收获快乐和知识。

(一)"绚彩化学社团"的实施

学生们以自主结合、合作研究的方式组建"绚彩化学社团",并有固定的教师辅导学生开展活动,社团活动将化学活动与化学学科课程的内容进行有机整合,并确定与化学有关的社团活动主题。主题确定后,对社团活动项目或课题进行讨论,制订具体的、可行的、有效的活动实施方案,激发学生学习化学的兴趣。社团实践中,教师要和社团成员共同规划学习的社团活动,并定期按照要求开展社团活动。目前成立的社团主要有化学实验社团、微观化学社团、化学与自然社团。

化学实验社团主要通过引导学生通过动手进行实验活动,发现生活中化学的美,解决生活中的实际问题,在社团活动中从学生已有的基础知识出发,通过对生活中常见的物品进行实验探究,提高学生的化学素养。

微观化学社团旨在培养学生的抽象、推理、模型等理性思维能力,在社团活动中,根据知识层次将活动分为不同的主题,每一个主题由浅入深,逐步递进,通过开放性的讨论探究,进一步拓展学生的知识视野,培养学生的思维灵活性,增强学生解决问题的能力。

化学与自然社团,通过查阅文献资料和进行社会调查,了解化学发展为人类社会进步所作出的巨大贡献,同时认识到在化工生产过程中,以及很多化工产品使用对环境造成的影响,了解到化学发展与自然发展的关系,认识到化学和自然和谐发展的重要性及意义。

(二)"绚彩化学社团"的评价

"绚化学社团"实行多元评价方式,着重关注学生自主、合作、探究的意识,让学生学会倾听、协作、分享,能提出有意义的问题或能发表个人见解,亲身体验化学的奇妙和美,激发学生学习化学的兴趣和探究知识的欲望。具体评价内容包括如下(见表5-1-4)。

表 5-1-4 "绚彩化学社团"的评价表

评价维度	评价要素	评价结果 自评	评价结果 互评	评价结果 师评
社团组织健全	社团活动有社团名称、社团口号、辅导老师、社团成员,制定有组织管理制度,确定活动时间和活动地点,保证活动的正常开展。			
社团活动有序	社团活动制订切实有效的活动方案,有明确的目标和活动要求,社团成员能够在辅导老师的组织下有计划、有步骤地完成相关主题的活动,能以个性的方式展示社团活动成果。			
社团内容丰富	活动内容围绕着《化学课程标准》,通过各种活动提高学生的兴趣,如动手操作、实地考察、亲自实验等,让学生真正体会化学来源于生活。活动内容要注意知识的拓展与能力的培养,注重知识的系统性、整体性、层次性,让学生能在活动中贡献有价值的思考,能与其他组员合作解决问题,能倾听别人的意见。			
社团成果丰硕	每学期组织一次社团成果展示活动,展示内容动静结合,展示形式丰富多样,整个活动时间安排合理,学生参与热情达到预期的活动效果。			

备注:评价结果采用等级制,共分为 ABC 三个等级, A 为优秀, B 为良好, C 为待努力。

三、举办"绚彩化学嘉年华",让化学更具动感

每学期举办一次"绚彩化学嘉年华"活动,开展丰富多彩的化学活动,如化学小剧场、化学魔术、化学辩论赛、魔幻化学实验、趣味猜灯谜等,学生从多方位感受到化学的魅力,多维度了解化学。

(一)"绚彩化学嘉年华"活动

每次开展的"绚彩化学嘉年华"活动,围绕着一个主题,开展不同形式的活动,通过丰富多彩的活动,学生感受到了化学的魅力,获得了成功的体验,增强了学习化学的信心。活动具体要求有如下两条。

1. 活动要能够学有所用,活动设置中必须依据学生已经具备的知识与技能、思想方法,适应新时代、贴近生活,具有一定的应用性和前瞻性。

2. 活动要有普及性，学生全员参加，在形式上可以多种多样，开展例如化学魔术，化学猜灯谜，实验闯关等多种形式的活动，每个学生都能参与进来并体验化学的丰富多彩和魅力。

（二）"绚彩化学嘉年华"的评价

"绚彩化学嘉年华"从多个维度增强了学生学习化学的兴趣，通过各类形式的活动让学生用化学思想方法解决问题，促进了学生的创新意识和能力的提升。"绚彩化学嘉年华"活动依据学生在活动中的表现，从活动参与度、合作交流、化学思维、情感体验和实践创新五个方面进行评价。（见表5-1-5）

表5-1-5　"绚彩化学嘉年华"活动的评价标准

评价项目	评价标准
方案计划	能够结合学校教学计划统筹安排实践活动，符合本校实际、学生知识经验能力，计划内容详实、具体、可操作性强。教师能有效指导学生开展活动。
材料管理	1. 学生能积极参与活动，及时点名，名册记录详实。 2. 每次活动前有计划（计划周密、可行），活动后有记录（内容详实、形式丰富，如文字、图片、视频等），每次活动有反思。
活动管理	1. 活动内容丰富，形式多样。 2. 活动组织有条不紊，秩序良好。 3. 学生积极参与，凸显团队合作精神，能够达到预期活动效果。
活动成果	1. 能达到本次活动预期的目的，使每个参与活动的学生都有收获。 2. 活动成果能有效促进学科的学习，增强学生的学习兴趣和能力，有利于培养学生的学科素养。

综上所述，绚彩化学课程以多元开放的课程方式，激发了学生学习化学的兴趣，引导学生认识了化学对促进社会进步的重要影响，理解了科学、技术和社会的相互作用，激发了学生的创新潜能，提高了学生的实践能力。

（撰稿者：朱墨峰　胡志杰）

第六章

质量评估：
学科课程的多元评价

质量评估是提高课程实施效果的衡量方法。在进行学科课程评价时，要符合国家相关政策、结合学校实际情况、体现学科课程特点，多主体参与、立体互动，努力促进学生、教师和学校发展。

五十中学西校在符合国家学科课程评价体系和标准的前提下，结合学校实际和不同课程的特点，形成了聚焦质量的学科课程评价体系。

　　评价标准规范化。五十中学西校的学科课程评价标准是很规范的，它落实了国家政策，聚焦了课堂质量，促进了学生健康成长。以"温暖语文"课程为例，其实践活动的评价标准有：①目标明确：依据语文课程标准的相关要求，从学生的学习、成长需求出发；②结合实际：贴近生活，调动情感；③内容丰富：来源生活，关注语文的运用，进行各种信息的整合；④组织形式：符合学生的年龄和心理特征，形式活泼多样；⑤活动方法：有小组团队合作、讨论交流、竞争比赛、展示观摩、家庭会议等多种方法，以体验参与活动为主；等等。

　　评价主体多元化。五十中学西校学科课程评价将教师评价、学生自我评价和学生互相评价相结合，让家长和社区人员也参与到评价过程中来，建立了多主体评价体系。以智识历史课程为例，它突出了学生、教师、家长和社会等作为评价主体参与学科课程的全面评价，培养学生的家国情怀，使他们拥有世界眼光。通过评价主体多元化的探索，让家长走进学校参与课程评审活动，进一步完善了学校课程评价制度，真正将"开门办学"理念落到实处。

　　评价角度多维化。五十中学西校的学科课程评价聚焦宏观与微观视角，评价角度是多维的。以"热度数学"课程为例，其课堂评价坚持了六个维度：教师的热情度；备课的精准度；课堂的调控度；学生的活动度；目标的达成度；资源的融合度。从教师的教、学生的学及创新性对"热度课堂"进行量化评价。了解了学生数学学习的过程和结果，激发了学生学习数学的主动性、积极性，丰富了教师的教学设计理念，从而促进了教师的教和学生的学。

　　评价方式多样化。五十中学西校学科课程评价的方式是多样的。既注重终结性评价，也注重过程性评价，既有积分评价，也有赛事评价等。

　　五十中学西校学科课程的多元评价总体概括为"四个化"，即评价标准规范化、评价主体多元化、评价角度多维化、评价方式多样化。它促进了学生全面生长，帮助了教师快速成长，推动了学校稳步发展。

（撰稿者：胡志杰　张大青）

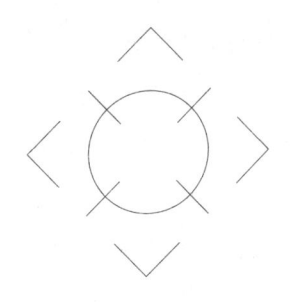

致臻道德与法治：为学生成长打好精神底色

五十中学西校道德与法治学科教研组由 16 位老师组成。教师年龄比较合理，有经验丰富的老教师 1 位，有年富力强的中年教师 8 位，有活泼创新的年轻教师 7 位。教师职称比例适中，中学高级职称 1 位老师，中学一级职称 4 位老师，二级职称 11 位老师。教研组秉持"致臻道德与法治教育"的理念，依据教育部《关于全面深化课程改革落实立德树人根本任务的意见》《义务教育思想品德课程标准（2011 年版）》精神，推进道德与法治学科课程建设。

第一部分　学科课程哲学

一、学科性质

《义务教育思想品德课程标准（2011 年版）》明确指出："思想品德课程是一门以初中学生生活为基础、以引导和促进初中学生思想品德发展为根本目的的综合性课程。"[1] 初中道德与法治课程是一门充满了思想性、人文性、实践性和综合性的课程。根据学生身心发展特点，学校建立了道德、心理健康、法律、国情四大类型的社团，创造健康丰富的校园环境，给予学生切实的人文关怀。

---

[1] 中华人民共和国教育部. 义务教育思想品德课程标准（2011 年版）[S]. 北京：北京师范大学出版社，2012：12—28.

二、学科课程理念

《义务教育思想品德课程标准（2011年版）》明确规定了道德与法治课程的基本理念："帮助学生过积极健康的生活，做负责任的公民是课程的核心。"结合我校道德与法治学科实际情况，我校道德与法治教研组经过反复研究讨论提出"致臻道德与法治"课程群方案。"致"意味"到达"，"臻"意味"完美"。"致臻道德与法治"，旨在通过学科课程的学习为学生铺就通往更高的人生道路，德润精神，法护成长，力求为学生的健康快乐成长打好真善美的精神底色。

1. "致臻道德与法治"的内容主要是课程标准规定的内容："有机整合道德、心理健康、法律和国情等多方面的学习内容"，"情感态度价值观的培养、知识的学习、能力的提高和思想方法、思维的掌握融为一体"。主要目的在于促进初中学生道德品质、健康心理、法律意识和公民意识的进一步发展。基于此，我校通过心语倾听、我行你秀、小小主播、角色放送、解开千千结、逐梦少年等活动了解中学生的心理健康状况，关注学生精神成长需要，使学生了解并逐渐掌握走出心理问题的方法与技能，拥有健康阳光的心理。

2. "致臻道德与法治"的性质是一门旨在促进学生思想品德发展的德育课程，是一门培养具有"四有"特性的合格公民的公民课程。从学科课程内容设置来看，本课程是一门实实在在的道德与法治教育课程；是一门传播当代主流政治文化、社会核心价值观和法治精神的公民教育课程。我校通过寻找最美、红色之旅、谈古论今、道德人生、经典咏流、致敬模范等活动帮助学生形成良好的品德，引导学生关注社会、积极参与社会生活、珍惜与感悟生命的意义，逐渐形成基本的是非、善恶和美丑观念，从而过健康向上的生活，做合格的中国公民。

3. "致臻道德与法治"以当代中国特色社会主义思想为指导，高举中国特色社会主义伟大旗帜，以邓小平理论、"三个代表"重要思想、科学发展观、习近平新时代中国特色社会主义思想为指导，深入贯彻习近平总书记系列重要讲话精神，深入贯彻党的教育方针，以培育和践行社会主义核心价值观为主线，以宪法教育为核心，把法治教育融入学校教育的各个阶段，使青少年养成遵法学法守法的习惯，逐步成长为社会主义法治的忠实崇尚者、自觉遵守者、坚定捍卫者。我校通过法治经纬、以案说法、与法同行、普法生活、我抢你答、模拟法庭等丰富多彩的活动使青少年了解、掌握个人成长和参与社会必备的基本法律法规常识，提高青少年的法治意识，使青少年成为中国法治建设的建设者、助推者。

4. "致臻道德与法治"是一门以生活为基础，强调与社会实践的联系，重视自主参与、体验和践行的实践课程。初中阶段的学生生活范围逐渐扩大，接触的各种关系日益增多，需要学会去处理各种关系。初中学生逐步扩展的生活是课程的基础。我校通过唱响中国、时代风云社、模拟政协、美丽中国说、爱校荣校行、模拟联合国等活动培养中学生社会参与的意识，在课程活动中融入正确的价值观，鼓励学生在实践中积极探索，学习人际交往艺术，为中学生处理好与他人、集体、国家和社会的关系，提供必要的引导和帮助。

第二部分　学科课程目标

一、学科课程总体目标

《义务教育思想品德课程标准（2011年版）》指出："思想品德课程以社会主义核心价值观为导向，旨在促进初中学生正确思想观念和良好道德品质的形成与发展，为使学生成为有理想、有道德、有文化、有纪律的社会主义合格公民奠定基础。"[1]

我校"致臻道德与法治"学科课程目标从"道德与法治素养"这一核心概念出发，分为课程基本目标和课程主旨目标。课程基本目标包括关注自身，提高素养以及培养关注他人、集体和社会、国家和国际社会的公共意识两个方面。即此，达成课程主旨目标：增强对我国政治制度和意识形态的认同感，培养认识与改造世界的思维能力和气质品质，形成遵法守法学法用法的意识观念，锻炼有序参与国家政治生活的参与能力四个方面。[2]

---

[1] 中华人民共和国教育部. 义务教育思想品德课程标准（2011年版）[S]. 北京：北京师范大学出版社，2012：28.
[2] 教育部、司法部、全国普法办. 青少年法治教育大纲[Z]. 2016-06-28.

（一）课程基本目标

1. 关注自身：提高素养。认识自我，形成自尊自强、自信自立的个性心理品质，提高自身核心素养。

2. 关注他人、集体和社会、国家和国际社会：提升公共意识。积极与他人进行沟通与交往，并认识到个人的发展离不开集体，学会在集体中成长。与此同时，明确权利与义务的关系，形成遵纪守法的良好品质和公共参与意识。在处理好个人与他人与集体关系的基础上，亦需积极关注我国在国际社会上的地位与作用，培养爱国意识和全球观念，积极适应国家、社会的发展需要。

（二）课程主旨目标

1. 增强对我国政治制度和意识形态的认同感。通过"致臻道德与法治"学科课程的学习，让学生了解中国共产党的领导是历史和人民的选择，是中国特色社会主义最本质的特征；中国特色社会主义制度是实现国家富强、民族振兴、人民幸福中国梦的根本保障。在日常生活中要拥护党、热爱党、跟党走，并积极践行社会主义核心价值观，清晰认识到建设什么样的国家、建设什么样的社会、培育什么样的公民，并为此努力。

2. 培养认识与改造世界的思维能力和气质品质。通过"致臻道德与法治"学科课程的学习，培养学生的理想精神。在面对政治、经济、文化、社会和生态文明建设过程中出现的问题，学会运用马克思主义哲学来认识问题、分析问题与解决问题，以此推动个人的发展与国家社会的要求相适应，最终将促进个人、社会和国家的共同发展。

3. 形成尊法守法学法用法的意识观念。通过"致臻道德与法治"学科课程的学习，让学生能够理解我国为什么选择走中国特色社会主义法治道路，明白法治是适合人类文明发展以及适应现代国家的治理方式，使学生在思想上形成规则意识、程序意识、权利义务意识，形成法律面前人人平等观念；在行动上，遵守规则和程序、正确行使权利和履行义务、依法办事，让法治自觉成为心中的信仰。

4. 锻炼有序参与国家政治生活的参与能力。通过"致臻道德与法治"学科课程的学习，学生能清楚认识到自己是国家的主人，在此基础上，通过民主管理、民主决策、民主监督等方式积极参与公共事务管理、承担公共责任，积累相关实践经验，锻炼解决问题的能力，并提升自己参与国家社会事物管理的主人公精神，培养参与政治生活的热情度和参与感。

二、学科课程年段目标

五十中学西校在贯彻落实国家课程目标的基础上，结合本校实际，制定了本校学科课程年段目标。这里以七年级课程目标为例（见表6-1-1）。

表6-1-1　合肥市五十中学西校"致臻道德与法治"课程年段目标

年段		上学期		下学期
七年级	第一单元	1. 努力，是梦想与现实之间的桥梁。 2. 学习伴随着我们的成长，掌握科学的学习方法，培养良好的学习习惯。 3. 通过自我评价、他人评价等正确认识自己；接纳自己和欣赏自己。	第一单元	1. 悦纳生理变化；调节矛盾心理。 2. 发展独立思考、培养批判精神、开发创造潜力。
	第二单元	1. 朋友的影响及重要作用。 2. 认识友谊；呵护友谊。 3. 慎重结交网友。	第二单元	1. 情绪的影响及表达；情绪调节的方法与作用；正确对待情绪感受。 2. 情感的必要性、作用；美好情感的作用及获得；美好情感的传递。
	第三单元	1. 承认、尊重、接纳风格不同的老师；正确对待老师的表扬与批评，主动与老师沟通交流；彼此尊重、平等相待、相互关心和促进，构建和谐师生关系。 2. 孝亲敬长既是中华民族的传统美德，也是公民必须履行的法律义务；尊重理解、换位思考、有效沟通与交流，共享共建和谐家庭。	第三单元	1. 集体力量对个人的作用。 2. 集体生活成就我的表现；集体生活中正确处理个人之间的矛盾。 3. 小群体与集体的关系；小群体与小团体。 4. 美好集体的特征。 5. 合作与竞争。
	第四单元	1. 生命至上，敬畏生命，休戚与共；守护生命，自救自护，爱护身体。 2. 养护精神，文化滋养，陶冶情操。 3. 磨砺意志、战胜挫折，增强生命韧性。 4. 感受生命意义，提升生命价值。	第四单元	1. 法律与我们生活息息相关。 2. 法律的特征；法律的作用。 3. 未成年人的特殊保护。 4. 依法办事，树立法治意识。 5. 学法尊法守法用法。

第三部分　学科课程框架

一、学科课程结构

依据国家和相关部门的育人方针政策和《思想品德课程标准（2011年版）》，我校"致臻道德与法治"课程主要分为道德、心理健康、法律、国情四块内容，相对应的课程为：寻找最美、红色之旅、谈古论今、道德人生、经典咏流、致敬模范；心语倾听、我行你秀、小小主播、角色放送、解开千千结、逐梦少年；法治经纬、以案说法、与法同行、致臻普法、我抢我答、模拟法庭；唱响中国、时代风云社、模拟政协、美丽中国说、爱国荣校行、模拟联合国等（见图6-1-1）。

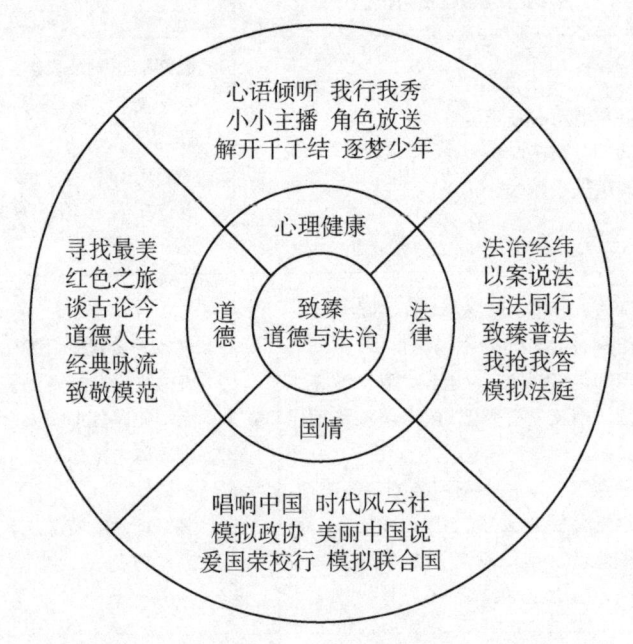

图6-1-1　合肥市五十中学西校道德与法治课程结构图

（一）道德

本模块内容主要为寻找最美、红色之旅、谈古论今、道德人生、经典咏流、致敬模范，旨在通过相关课程的学习，引导学生正确认识青春期自我的生理与心理变化，体会生命的可贵，从而热爱生活，从而能够积极接纳自己，学会分辨是非，学会对自己的行为负责。

（二）心理健康

本模块内容主要为心语倾听、我行你秀、小小主播、角色放送、解开千千结、逐梦少年，旨在引导孩子掌握青春期心理卫生知识，体会青春期的美好与烦恼，帮助学生客观地应对挫折和逆境。

（三）法律

本模块内容主要为法治经纬、以案说法、与法同行、致臻普法、我抢我答、模拟法庭，帮助学生了解法律作用，增强法律意识，维护法律权威，正确行使权利，自觉履行义务。

（四）国情

本模块内容主要为唱响中国、时代风云社、模拟政协、美丽中国说、爱国荣校行、模拟联合国，旨在引导学生感受改革开放以来我国取得的巨大成就，增强热爱祖国、热爱中国共产党的情感，了解实现全面建成小康社会奋斗目标的新要求。弘扬和培育民族精神，认识当代青年的社会责任，增强为实现推进现代化建设、完成祖国统一，维护世界和平与促进世界共同发展的使命感与自信心。

二、学科课程设置

五十中学西校在实施国家课程的基础上，结合本校实际，设置了本校的拓展型课程，致臻道德与法治学科也进行了课程设置（见表6-1-2）。

表6-1-2　合肥市五十中学西校"致臻道德与法治"课程设置表

			拓展型课程			
		内容	道德	心理健康	法律	国情
具体课程	七年级	上学期	寻找最美	心语倾听	法治经纬	唱响中国
		下学期	红色之旅	我行你秀	以案说法	时代风云社
	八年级	上学期	谈古论今	小小主播	与法同行	模拟政协
		下学期	道德人生	角色放送	致臻普法	美丽中国说
	九年级	上学期	经典咏流	解开千千结	我抢我答	爱国荣校行
		下学期	致敬模范	逐梦少年	模拟法庭	模拟联合国

第四部分 学科课程实施与评价

"致臻道德与法治"课程,把课程内容与学生的年龄特点和需求有机结合,满足了学生的多元化学习需求,为每个学生提供了适合自身发展需要的平台,丰富了他们的人生体验,拓展了学生道德与法治学习的新时空。课程在我校七年级到九年级全面实施,在不同的学习阶段,针对学生学习特点,安排了不同的课程,从不同角度让学生系统地学习道德与法治,从而增强学生的道德与法治观念,提高学生践行道德与法治的能力,激发学生学习道德与法治的热情。

一、打造"致臻课堂",推进道德与法治课程有效实施

"致臻课堂"将促进学生的发展作为出发点和归宿。让每一个学生都能主动自觉地进入丰富多彩的道德与法治学习天地,感受道德与法治的魅力,享受道德与法治的学习乐趣,感受道德与法治学习的成功体验。

(一)"致臻课堂"的基本要求

1. "致臻课堂"是以生为本的课堂。道德与法治课堂教学要面向学生,让学生站在课程中央,以学情为教学的起点和终点。具体而言:抓住学生所需,进行教学设计;开展合作学习,提高学习能力;尊重学生思维,整体优化教学。

2. "致臻课堂"是多元唯美的课堂。以学生为主体,以教师为主导,以教学活动为主线,以学生能力培养为核心,形成明确教学要求和操作要领,准确把握道德与法治课程的德育性,努力使知识的学习服务于学生思想道德发展的需要。教师立足课堂、探索教学、关注学情、生本相依、学有所长。学生在多元开放的环境中自由思考、大胆质疑、思维创新、群学优化。

3. "致臻课堂"是知情共生的课堂。道德与法治课堂教学的根本任务就是"促进学生道德与法治意识的成长"。"知"是指发展学生的解决问题和辨别是非的能力,"情"是指树立学生正确的思想观念和良好的道德品质。"知情共生"的道德与法治课堂,必然是知识目标和情感态度、价值观目标的双

重获得。"知情共生"道德与法治教学的实践路径：立足于"情境解读"，立足于"读、思、悟、研"的教学实践，立足于社会实践的生长环境。

（二）"致臻课堂"的评价标准

"致臻课堂"的评价要求，主要在合格、良好、优秀三个层级上予以评价。

1. 合格的标准：重视学生的学习。"致臻课堂"要培养学生的学习兴趣和学习能力。在教师的帮助下，学生通过合作、讨论、探究的自主学习方式，学会课堂的知识。教师想方设法激发学生的学习积极性，让学生对学习行为产生持久的兴趣，保持浓厚的求知欲，享受与人合作、交流和探究的快乐，引导学生以积极向上的态度健康成长，才能评价为合格的"致臻课堂"。因为学生不仅学会了当堂课的知识，更重要的是学会了学习的方法，学会了与同伴合作、交流、探究的方式，这为学生终身学习打下了坚实的基础，让学生受益无穷。在学生积极参与课堂学习的过程中，教师应及时发现学生身上的闪光点，并恰当且富有激励性地给予表扬和肯定，使他们一点点树立起自信心，产生主动学习、渴望称赞的意愿。教师也要允许学生犯错误，要更多地在错误中鼓励和引导，增加他们的勇气。

2. 良好的标准：重视课堂的高效。良好的"致臻课堂"，应该是高效的课堂。高效课堂要依据学生情况和文本的实际内容，设立恰当的环节，让学生在教师创设的情境中完成互动。要在课堂上积极调动学生的情感，成为学生学习的合作者和好伙伴，将学生带入到所创设的情境中，引领学生完成情境中所蕴含的情绪体验。还要关注个体在互动中的差异性，满足不同的互动需求。由于学生在知识积累、能力构成上的差别，他们在互动过程中表现出来的参与程度也是不一样的，要时刻关注这些显而易见的差异性，努力创设出学生主动参与、自我主动发展的课堂环境。

3. 优秀的标准：重视教学的深度。《课程标准》倡导自主、合作、探究和体验式的学习方式，基于这种要求，优秀课堂的评价标准是深度课堂。深度课堂是对知识进行深入探讨、研究、挖掘的课堂。

二、设立"致臻节日"，激发道德与法治浓厚学习兴趣

我校积极以"致臻节日"为实施途径，开展形式多样、面向全体、具有

道德与法治特色的各种活动，拓展道德与法治实践。搭建学习和研讨的平台，在交流中促使学生增强认识，提高能力，弘扬法治精神。

（一）"致臻节日"的实施

学校开展活动按主题有序进行，如：寻找最美、红色之旅、谈古论今、道德人生、经典咏流、致敬模范；心语倾听、我行你秀、小小主播、角色放送、解开千千结、逐梦少年；法治经纬、以案说法、与法同行、致臻普法、我抢我答、模拟法庭；唱响中国、时代风云社、模拟政协、美丽中国说、爱国荣校行、模拟联合国等。

（二）"致臻节日"的评价

1. 赛事性评价。比赛是促进学习的一股强大力量。对于中小学生来说，让学生参加比赛是一种很好的课程实施方式，也是一种很好的课程评价方式。根据我校实际，拟定每一个学年有一个品质法律宣传节。在坚持每周一次时政新闻分享的基础上，每学期扎实开展手抄报比赛、演讲比赛、才艺大赛、朗诵大赛、讲故事比赛等。以我校进行的手抄报比赛为例，比赛以班级为单位，年级内进行PK和展示。我们事先拟定了比赛规则和评分标准，每个班都选了一名学生评委，从其他年级选择一批优秀教师作为教师评委，还有专业评委、家长评委等，各个评委根据评分细则进行打分评价，最后评出一、二、三等奖以及优秀组织奖、最佳表演奖、最具风采奖、最佳合作奖、团结奋进奖等。

2. "致臻节日"评价表。在活动中，我们根据学生的表现，评选出"致臻小明星"，评价表如下（见表6-1-3）。

表6-1-3 合肥市五十中西校道德与法治学科"致臻小明星"评价表

致臻小天使		致臻小分队	
	想一想，再涂色		议一议，再打分
参与星	☆☆☆☆☆☆☆☆	全程投入	
动手星	☆☆☆☆☆☆☆☆	实践能力	
创意星	☆☆☆☆☆☆☆☆	创造能力	
合作星	☆☆☆☆☆☆☆☆	合作能力	
评定人：			

三、倡导"致臻学习",培养道德与法治良好学习习惯

"致臻学习"应该包括积极主动的学习态度,并且以学习为乐,拥有持之以恒的持续力、敏捷高效的思维力。"自主、合作、探究"是"致臻学习"的主要特征,只要凸现"综合性、自主性、合作性、探究性"这些特征的学习方式,都应该是道德与法治"致臻学习"的要求。如果学生拥有了以上的学习品质,那么在道德与法治学习上能够立于不败之地。从教的方面来讲,首先就要重视学法指导;从学的方面来讲,首先就是要养成良好的学习习惯。

(一)"致臻学习"的实施

"致臻学习"主要分为线上和线下两种方式进行。线上学习已经成为一种趋势,具有不受时空限制、快速及时、可重复、个性化、交互协作等特点,借助在线学习,构建学生道德与法治学习的新型方式。让学生能在鲜明的时代特色和网络特色下学习道德与法治,在交互平台的建设上走多元化的道路,通过多媒体技术手段,探索道德与法治学习的新时空。在道德与法治组和信息技术组老师的共同努力下,我们开设了"合肥市五十中西校教育集团"公众号。学校根据道德与法治课程校本化实施方案,提炼学生道德与法治素养的发展元素,形成系列化的专题,针对相应的专题,开发不同类型的栏目。我们还借助合肥教育博客、微信朋友圈、喜马拉雅、学习强国等平台,给道德与法治教育提供了更广阔的资源,让道德与法治学习有了更高的起点,为学生自主学习和教师专业化发展提供了物质化的载体。

(二)"致臻学习"的评价

1. 评选性评价。我们在"致臻学习"课程中,进行了各种各样的评选活动,如"文明中学生评选""爱心宝贝评选""阳光少年评选""孝心少年评选""遵纪守法校园之星评选""守法家庭评选"等。如我校举办的"遵纪守法校园之星评选"活动。学生借助我校微信公众号、班级 QQ 群、微信群等,让广大家长、学生、老师来评选"遵纪守法校园之星"。有的家长还把评选页面发到朋友圈,不仅增加了点击率,还对这个活动和栏目进行了推广,让学生增强了自信。

2. 积分制评价。积分制评价把积分制度用于对学生学习的激励和管理,以积分来衡量学习的水平和进展,反映学生的综合表现,调动学生的积极性。如我校用"积分制评价"评选,评选五十中学西校"博客小达人",取

得了积极的效果。学生积极在教育博客网站发表博客,根据读者的点击率、回复、点赞和评论,进行积分的累积,再根据积分对学生进行评价和奖励。

四、建立"致臻社团",享受道德与法治独特学习体验

"致臻社团"让学生在喜闻乐见的生活情境中组织社团,在学校校园文化建设中起到了提升层次、构建载体、凝聚学生、群体示范的作用,从而形成学校的品牌项目,为学生提供展示自己爱好与技能的广阔舞台,展现最真实的自己。我校开设了心语社团、道德大讲堂、法律小主播、模拟联合国等社团。通过这一展示平台,锻炼学生的身体素质,促进学生的身心发展,培养学生的竞争意识、合作精神和坚强毅力。

(一)"致臻社团"的实施

1. 心语社团。五十中学西校心语社团成立于2003年9月。心语社团自成立以来,由默默无闻到逐渐发展壮大,十几年来在蜀山区、合肥市多项比赛中获得一等奖、二等奖。怀着服务师生,繁荣校园文化的想法与抱负,心语社每位成员在校领导的支持下,努力耕耘,现在的心语社已经有一定的基础,在经验继承的基础上发展创新,务求承前启后,继往开来。我们尝试以舞台剧、音乐剧、微电影、广播剧、沙盘游戏等形式来展现我校学生的学习、生活和精神面貌,在丰富校园文化的同时,社团成员和老师参与其中,自主搜集素材,自我创作,编写剧本,自导自演。

2. 道德大讲堂。定期邀请社会道德楷模进校园、进课堂,宣讲道德事迹,弘扬真善美的社会主旋律。如我校请安徽省道德模范走进校园,请安徽省最美教师走进校园,请安徽省劳动模范、合肥市优秀共产党员进行道德宣讲。此外,我们还定期请优秀教师代表、家长代表、学生代表进行道德宣讲。通过"微讲坛",促进学生日进日高,明理明德。

3. 法律小主播。利用校园广播,开设"法律小主播"栏目,周一到周五每天选取一则法律故事进行播报,提高学生法律素养,增强学生法治观念,培养学生遵纪守法的良好习惯。

4. 模拟联合国。模拟联合国社团每周三下午第三节课开课,或组织学生讨论生动有趣的国际时事,或引导学生明辨意味深长的哲理,或组织学生编制相关联合国议案等,使模拟联合国大会成为回应社会热点,关怀人性价值

的一种实践行动。学生在交流讨论中自立自强，自尊自信，以自身独特的视角与思维，阐述着模拟联合国社团的魅力，实践着道德与法治学科的风采。

（二）"致臻社团"的评价

1. 考级式评价。以心语社团为例。心理剧表演是一个开放式的不受时间、地点、形式约束的道德与法治学习方式。因此，我们制定了考级制度。这样能够最大限度地激发学生表演的积极性和主动性，激发学生为了达到最高级十级而不断努力练习的兴趣。

2. 量表式评价。每个社团都有一定的评价标准，具体要求如下（见表6-1-4）。

表6-1-4 合肥市五十中学西校道德与法治学科"致臻社团"评价表

评估内容	评估标准	评估方式	得分 自评	得分 督评
课程规划 30分	社团有规范、健全的组织机构，有活动场所。社团指导教师，能够指导学生社团建设。 15分	访谈学生 查阅资料		
	有社团章程和管理制度，有计划有总结。工作总结全面具体。 15分	访谈学生 查阅资料		
课程实施 40分	社团活动常态化、规范化，做到前有计划，后有总结。每学期活动不少于15个课时，过程性资料详实。 20分	查阅资料 访谈学生		
	社团每学年至少进行1次校内交流展示。 20分	查阅资料		
课程评价 30分	有科学组织体系，有合理的评定策略和有效的评定方法，每学期至少对组员进行一次民主评定。 15分	访谈学生 查阅资料		
	积极参本社团组织的各项活动，并积极参加各级比赛，取得荣誉表彰。 15分	访谈学生 查阅资料		

综上所述，五十中学西校致臻道德与法治课程不仅关注道德与法治学科的学科性质是思想性、人文性、实践性和综合性，它注重发挥道德与法治课程在立德铸魂过程中的作用，注重引导学生通过寻找、倾听、参与、模拟等系列实践活动，关注学生精神成长需要，帮助学生形成良好品德，提高法治意识，培养参与意识。在课程活动中融入正确的价值观念，发挥立德树人作用，引导学生"扣好人生第一粒扣子"。

（撰稿者：何孝停 窦长玲 赵婷婷 王芬 胡志杰）

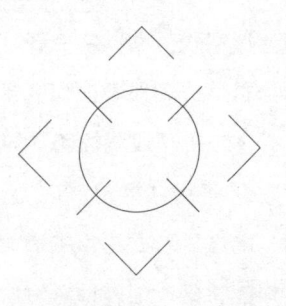

智识历史： 开显学生的实践智慧

五十中学西校历史学科教研组共由 14 位教师组成，是一支高素质、专业化、创新型的教师队伍。教师结构合理，有博识多闻的老教师 1 位，有业务精湛的中年教师 5 位，有充满活力的年轻教师 8 位；教师职称比例适当，中学高级职称 1 位老师，中学一级职称 9 位老师，二级职称 4 位老师；教师专业化素质和发展水平成绩显著，有合肥市骨干教师 2 位，蜀山区骨干教师 1 位。在学校课程建设引领下，教研组秉持"智识历史"的学科理念，充分发挥团队优势，实现内涵式发展。认真组织开展教研组活动和备课组活动，积极参加市、区教体局组织的各类教科研活动，成果颇丰。

第一部分　学科课程哲学

一、学科性质

《义务教育历史课程标准（2011 年版）》明确指出： 历史课程是人文社会科学中的一门基础课程，对学生的全面发展与终身发展有着重要的意义[1]。这就阐明了初中阶段的历史课程作为基础性课程，担负着对学生进行爱国主义和思想品格等方面教育的重要责任。作为义务教育阶段的有利于全体学生

---

[1] 中华人民共和国教育部. 义务教育历史课程标准（2011 年版）[S]. 北京：北京师范大学出版社，2012.

全面发展和终身学习的历史课程，它具有思想性、基础性、人文性和综合性四大特征。

　　基于这种认识，作为历史教师应不断完善自身，改变灌输式教学方式，以识记历史知识为基础，开启智慧为目标，增强学习兴趣，提升人文素养，促进全面发展。同时，以历史学科五大核心素养为导向，通过开展形式多样的社团活动，培育浓厚的人文底蕴素养、科学精神素养、自主发展素养和责任担当素养等，让"世界眼光，家国情怀"的种子扎根于心灵。

二、学科课程理念

　　《义务教育历史课程标准（2011年版）》明确规定了历史课程的基本理念：是一门充分体现育人为本的教育理念，以培养和提高学生的历史素养，普及基本历史常识，在历史评判中有着正确价值判断的课程。依据历史学科课程理念，结合我校学科课程三年规划，我校历史学科的核心概念为"智识历史"。"智"，意为明智，启迪智慧，明辨是非。"识"，意为知识，识别真伪。"智识历史"课程，旨在识记中外历史知识的基础之上，汲取前人的智慧，能对历史事件或人物进行客观评述，提升人文素养，最终达到"开显学生的实践智慧"的一门课程。

　　（一）"智识历史"课程注重育人功能的发挥

　　《义务教育历史课程标准（2011年版）》中规定历史课程以育人为本，发挥教育的功能。这就表明历史课程教授的内容所依托的是前人的成败和历史的得失，具有启迪智慧的育人功能。初中阶段是学生世界观、人生观和价值观养成、塑造的关键期。这一阶段的教学中，历史课程更应发挥本学科的育人优势，为正确三观培养打下坚实基础。"智识历史"课程重视"博古通今，中外贯通"大视野的形成，通过开展寻访游学、峥嵘岁月、远足励志、青春放歌、我为国旗添光彩和百家讲坛等系列活动，进行爱国主义、民族意识和世界眼光的教育，并结合时代的特点，培养科学的世界观、人生观和价值观。

　　（二）"智识历史"课程重视基础知识的掌握

　　《义务教育历史课程标准（2011年版）》中规定历史课程的基础是引导学生认识基本史实，并掌握历史学科学习的方法和技能。近年来的一些地区和学校进行的历史教学改革中，过分强调能力的培养，往往忽视了学生对基础知识的掌握，造成学生历史知识之贫乏与混淆。鉴于此，"智识历史"课程贴近课本教材，注重对基础知识的掌握，在获得系统的历史基础知识之上，实现运用历史唯物主义观点分析和解决问题，客观评价历史事件及人物等。

（三）"智识历史"课程倡导自主合作探究式的学习模式

在新课程改革的背景下，国家倡导以学生的发展为本，强调学生主体性的发挥，鼓励学生学习方式的变更，改变过去在课程实施过程中弊病，转变为学生更加注重自学习、合作学习和探究性学习。"智识历史"课程变"要我学"为"我要学"，尊重学生的主体性，让学生真正成为学习的主人。与此同时，通过开展历史文物仿制、绘制地图、匆匆流年、模拟战场等丰富多彩的活动方式，学生自觉主动参与，在实践中发现问题、探究问题，在合作中共同解决问题；在实现信息多向交流中，增强自主发展的能力。

（四）"智识历史"课程追寻发展性评价

评价的目的不是仅仅关注于学生的成绩，而应发挥评价促进对学生需求的了解和潜能的挖掘。评价是为了每一个学生的发展，要关注差异性，要激发创造性。"智识历史"课程既关注量的评价，更关注质的评价，评价的内容注重对认知能力、学习策略、情感态度等全面评价，尊重个体感受与个性发展，激发主动性和创造性。

第二部分　学科课程目标

《义务教育历史课程标准（2011年版）》指出，在义务教育阶段的历史学科课程，基础是引导学生掌握中外社会发展的基本史实，并初步具备历史学科学习的基本方法和技能，培养历史学习的兴趣，弘扬爱国主义情感，开拓全球视野，认清人类历史发展趋势；初步形成正确与科学的三观，为培养高综合素质的合格公民奠定坚实基础。这些规定表明历史课程既是学生增长见识、学会思考的重要平台，也是进行以爱国主义为核心的情感教育的主要阵地。"智识历史"课程结合我校"大爱于心　致真于行"的校训和学生实际情况，努力培育具有家国情怀和世界眼光的合格公民。

一、学科课程总体目标

结合《义务教育历史课程标准（2011年版）》的规定、中学历史学科核心素养的要求和"开显学生的实践智慧"的课程理念，"智识历史"课程从"唯物史观""历史解释""史料实证""时空观念"和"家国情怀"五方面进行建构，在历史课程中掌握基础史实与基本技能，建立时间与空间观念，辨别史料，对历史事物进行分析和评价，并在探究历史的过程中尝试反思历史，汲取历史的经验教训，不断提升人文素养和对国家社会的责任感。

（一）唯物史观

唯物史观，即历史的唯物主义。它揭示了人类社会历史发展的科学历史观和方法论，主要包括有社会存在决定社会意识，生产力水平决定生产关系，经济发展基础决定上层建筑的构建，人民群众是历史发展的推动者和创造者等观点与方法。通过"智识历史"课程的学习，学生当前和以后的历史学习研究中，自觉地将唯物史观作为其指导思想。

（二）时空观念

时空观念是指在面对历史事件或人物的分析和评价时，能自觉地将其放在特定的时间和空间下进行合理、准确的解释的思维方式。通过"智识历史"课程的学习，逐步养成关注时空的认知常识和思维习惯，按照时间和空间要素，将认识的对象置于时空下学习，构建事件间的联系。

（三）史料实证

史料实证是指在丰富的史料面前，能够在辨别史料真伪，对其进行分析，最终得出正确的历史结论的一种能力。历史学家傅斯年主张"史学即史料学"，历史之所以有魅力，是因为它包含着丰富的史料。通过"智识历史"课程的学习，从不同途径和方法获得不同种类的史料，辨析史料的真伪和价值，形成重视证据的历史意识，在对待历史与现实问题上具备实证的精神。

（四）历史解释

历史解释是指在对已掌握的史料理解基础上，结合史料对史实进行客观科学的分析的能力和态度。历史叙述的本质都是对历史的解释，这就要求不仅要对搜集的资料进行描述，更重要的是进行辨析，不断接近真实。通过"智识历史"课程的学习，明确历史解释的重要性；对史事的记忆提升到历史认识的高度，透过历史现象挖掘问题，科学地解释历史事物，独立地提出自己的观点；同时，学会用客观、辩证的眼光看待现实社会生活中的问题。

（五）家国情怀

家国情怀是指在学习和研究历史事件和人物时，对国家和社会报以高度的责任感。家国情怀素养是中学历史核心素养中的核心地位，也是对知识掌握和情感态度价值观培养的综合体现。通过"智识历史"课程的学习，大力弘扬爱国主义精神，对国家和中华民族持有高度的认同感、归属感和为国家实现富强而奋斗的高度使命感。同时，理解和尊重各民族的文化传统，形成世界眼光。

二、学科课程年段目标

依据《义务教育历史课程标准（2011年版）》，并结合我校"智识历史"课程教学总目标及三个不同年级学生身心发展特点，我们设置了历史课程年段目标。这里以七年级课程目标为例（见表6-2-1）。

表6-2-1 合肥市五十中学西校"智识历史"课程年段目标

年段		上学期		下学期
七年级	第一单元	共同目标： 1. 了解史前时代我国境内的早期人类的生产和生活状况。 2. 认识了解史前社会历史依据是通过考古发掘。 3. 知道传说时代的传说故事。 校本目标： 1. 参观当地博物馆，认识安徽省内早期人类。 2. 通过开展搜集传说时代的小故事比赛，了解传说与史实的区别，了解传说与神话中的历史信息。	第一单元	共同目标： 1. 知道隋朝的兴衰，了解科举制创立与发展及大运河的兴修，能够识读历史地图。 2. 了解"贞观之治""开元盛世"、唐诗的盛行。通过史料，初步分析唐朝兴衰的原因。 3. 认识唐朝的对外文化交流和对内民族政策。 4. 知道安史之乱与唐朝由盛转衰的关系，知道五代十国局面的产生。 校本目标： 1. 通过开展"时势造英雄"活动，评价唐太宗等人功过。 2. 开展四季诗会活动，感受盛唐遗风。
	第二单元	共同目标： 1. 了解夏商周朝代的更替变化。 2. 了解分封制内容及作用。 3. 知道春秋战国时期社会变化的特点。	第二单元	共同目标： 1. 知道北宋重文轻武的国策特点。 2. 了解辽宋夏金元的政权建立及并立局面，知道政权更替和岳飞抗金的故事。

续 表

年段	上学期	下学期
第二单元	4. 通过商鞅变法的内容，认识改革对秦国强盛的重要作用。 5. 通过对青铜器、甲骨文和都江堰工程等古代技术文化的了解，认识古代劳动人民的智慧，激发民族自豪感。 6. 初步理解"百家争鸣"对后世的影响。 校本目标： 1. 开展"春秋战国知多少"主题活动，收集资料，辨别史料，认识经济社会变革，理解生产力决定生产关系的变化。 2. 通过开展"历史我来说"主题活动，初步理解"百家争鸣"对后世的影响。 3. 通过开展"匆匆流年"主题活动，了解商鞅变法背景及主要内容。	3. 知道两宋时期南方商业经济繁荣发展表现，理解古代经济重心南移过程及影响。 4. 知道成吉思汗领导下蒙古的崛起和元朝的建立及统一。 5. 通过读元代疆域图，认识元代疆域辽阔，认识西藏在元代已正式归属中央管辖。 6. 了解宋元时期的都市生活与文学的发展。 7. 了解印刷术的发展改进、指南针及火药的发明与广泛应用，对世界历史演变产生的深远影响。 校本目标： 1. 通过仿制古代四大发明中的印刷术等生产生产工具，认识人民群众创造历史。 2. 收集历史上西藏、新疆地区与中央王朝间的关系演变史料，从历史角度认识西藏和新疆是中国领土不可分割的一部分。
第三单元	共同目标： 1. 知道秦和西汉的建立与更替。 2. 了解秦始皇灭六国完成统一的史实，认识秦朝建立专制主义中央集权制度的措施和影响。 3. 了解西汉初期王朝政策表现，认识汉武帝巩固大一统王朝的措施及影响。 4. 认识"丝绸之路"对中外交流的重要影响。 5. 了解东汉中后期的宦官、外戚专权与社会动荡。 6. 知道西汉末年佛教的传入与东汉时期道教的产生。 7. 知道史学家司马迁及著作《史记》，知道造纸术的发明及影响，讲述医学家华佗、张仲景的故事。	共同目标： 1. 知道明清两朝的更替，了解明清强化专制的措施，并分析君主专制的影响。 2. 了解明朝对外交往的表现，早期的积极开放政策——郑和下西洋和中后期面对侵略的抗争——戚继光抗倭。 3. 了解郑成功抗击荷兰殖民者与成功收复台湾，清政府在台湾设台湾府。知道清政府为巩固西北边疆的统治措施。 4. 通过清朝各行业的发展，认识清朝前期社会经济的繁荣。 5. 了解明朝科技成就和清朝文学艺术的成就与特色。 6. 了解清朝中后期的政治腐败黑暗和

年段	上学期		下学期	
	第三单元	校本目标： 1. 能够识读历史地图，观察秦汉疆域和丝绸之路线路图，动手绘制丝绸之路线路图，建立时空概念。 2. 正确计算历史年代，学会识读历史年表。了解中国古代纪年的主要方法。 3. 通过动手做活动，知道纸的制造过程，认识其发明改进是古代劳动人民的辛勤劳动与智慧的结晶，激发民族自豪感。	第三单元	对外实行闭关锁国政策，认识此时中国已开始落后于当时社会的潮流。 校本目标： 1. 识读历史地图，观察隋朝大运河、唐、宋、元、明、清时期疆域地图和郑和下西洋航行路线图，建立时空概念。观察西藏、新疆和台湾在图中的位置。 2. 欣赏戏剧社京剧表演，树立民族自豪感。
	第四单元	共同目标： 1. 知道东汉末年军阀割据及三国鼎立局面。 2. 知道魏晋南北朝的政权发展线索，了解大量北方人口的迁移对江南开发的重要意义。 3. 了解北魏政权在孝文帝时期进行改革主要内容，了解民族交融对中华民族发展的意义。 4. 知道魏晋南北朝时期的数学、书法和绘画等成就。通过《齐民要术》了解北方农业技术的发展。 校本目标： 1. 通过编演历史《三国演义》，认识史实与文学作品的区别。 2. 组织学生收集魏晋南北朝时期民族交融的资料，认识民族交融对中华民族发展的重要意义。		

第三部分　学科课程框架

一、学科课程结构

为了实现上述课程目标，我们依据国家有关方针政策和《义务教育历史课程标准（2011年版）》，将学校"智识历史"课程主要分为五个模块——唯物史观、史料实证、历史解释、时空观念和家国情怀。五大模块分别对应追本溯源、去伪存真、百家争鸣、经纬历史和国家宝藏五大主题，并按照七、八、九三个年级的不同学生要求设置相应课程。通过"智识历史"的课程学习，以图落实历史核心素养，以古鉴今、面向未来，帮助学生逐渐实现个性的、全面的和可持续的发展。具体图谱如图6-2-1。

图6-2-1　合肥市五十中学西校"智识历史"课程结构图

（一）唯物史观

唯物史观模块对应的主题是追本溯源，其内容主要有生命起源、格物致知、英雄儿女、春风依旧、扬帆远航和科技之光，旨在通过相关课程的学习，引导学生对历史的认识由表及里、由浅入深。通过学习，让学生深刻认识到，唯物史观使历史成为了一门科学，这是科学的历史观；了解并掌握唯物史观的基本观点和方法，正确认识人类历史发展的总趋势。并且能够进一步用所学指导实践，将唯物史观作为学习和探究历史、认识和解决现实问题的重要指导思想。

（二）史料实证

史料实证模块对应的主题是去伪存真，其内容主要有文以载道、寻访游学、峥嵘年代、光辉岁月、律政风云和大国崛起，旨在通过相关课程的学习，引导学生认识到史料的重要性和多样性，掌握搜集史料的多种途径与方法，认可史料是连接学习者和历史的唯一桥梁；培育学生通过对史料及其作者的辨析，自行判断史料的真伪和价值的能力，以及掌握从纷繁复杂的史料中提取有效信息，作为历史证据，并以此为基准得出相应观点或结论的能力；更重要的是，学生在史料实证的过程中深刻感受到历史学科的实证精神，能够以实证精神作为处理历史与现实问题的重要原则之一。

（三）历史解释

历史解释模块对应的主题是百家争鸣，其内容主要有经世致用、盛世遗风、百家讲坛、同沐书香、历史法庭和群英荟萃，旨在通过相关课程的学习，引导学生自主区分历史叙述中的史实与解释，认识到历史叙述中可能出现的不同形式的且含有主观色彩的历史解释；做到既能够客观论述历史事件、人物和现象，也能依据有效史料神入共情从而更深刻地认识史实，最终形成合理合情的历史想象，并有理有据地表达自己的看法。历史解释素养要求在解决现实问题时，充分体现出学习者之间的尊重与理解，对于史料也能够以全面、客观、辩证和发展的眼光来进行进一步评析，形成自己的历史解释。

（四）时空观念

时空观念模块对应的主题是经纬历史，其内容主要有朋自远方、锦绣丝路、海峡两岸、客从何来、文明源泉和模拟战场，旨在通过相关课程的学习，引导学生认识到任何史实都必须具备特定且具体的历史时间和地理空间的因素；并能够参照时间和空间因素，建构历史事件、人物及现象的三者关联，做到运用这些关键因素真正理解史实。在面对现实问题时，也应当学会将认识的对象置于具体时空条件下进行考察，坚持具体问题具体分析。

（五）家国情怀

家国情怀模块对应的主题是国家宝藏，其内容主要有万世师表、书香画海、歌以咏志、我有嘉宾、文艺复兴和沧海拾珠，感悟学习历史应具备的人文追求和社会责任，从单一的历史知识的学习投射到自身发展和社会现实的方面。家国情怀素养的形成，是让学生自我塑造健全人格，树立正确世界观、人生观和价值观的过程；学生通过学习能够正确认识中国历史和当今国情，形成对中华民族的认同感和自豪感，认识中华文明的历史价值和现实意义，认同社会主义核心价值观，树立"四个自信"；与此同时也具备世界眼光，了解世界文明发展的多样性，学会尊重和理解世界各国、各民族的历史文化，形成广阔的国际视野与开放胸怀。

二、学科课程设置

为倡导"智识历史"，丰富历史学科的课程内容，作出以下学科课程设置，具体如下表（表6-2-2）。

表6-2-2 合肥市五十中学西校"智识历史"课程设置表

		拓展型课程				
	内容	唯物史观	史料实证	历史解释	时空观念	家国情怀
具体课程	七年级 上学期	生命起源（生物、历史）	文以载道（认识简单甲骨文字）	经世致用（读经诵史、国学课堂）	朋自远方（历史剧遣唐使来华）	万世师表（祭拜孔子）
	七年级 下学期	格物致知（还原生产工具）	寻访游学（兵马俑等）	盛世遗风（四季诗会）	锦绣丝路（绘制丝绸之路）	书香画海（书画鉴赏）
	八年级 上学期	英雄儿女（抗日英雄故事分享）	峥嵘年代（参观英雄纪念馆、渡江战役纪念馆等）	百家讲坛（学生演讲比赛、国旗下讲话）	海峡两岸（历史、分离重聚）	歌以咏志（红歌比赛）
	八年级 下学期	春风依旧（改革政治经济）	光辉岁月（国家崛起的影视资料）	同沐书香（建国后的文学作品读书会）	客从何来（新中国外交）	我有嘉宾（人物明信片、中共党员）
	九年级 上学期	扬帆远航（绘制新航路，开辟经济为政治服务）	律政风云（解读法律源头、罗马法、《查士丁尼法典》）	历史法庭（模拟早期殖民影响、欧美非世界法庭控诉）	文明源泉（四大文明古国、从河流看文明）	文艺复兴（文艺复兴作品赏析）
	九年级 下学期	科技之光（三次工业革命成果展）	大国崛起（史料解读各个国家的发展史）	群英荟萃（模拟联合国、就国际问题进行辩论）	模拟战场（二战作战沙盘模拟）	沧海拾珠（现代艺术作品赏析）

第四部分 学科课程实施与评价

"智识历史"课程，把课程内容与实施对象的年龄特点和现实需求相结合，满足其多元化的学习期待，提供适合其发展的重要平台，拓展学习历史、感悟历史的新渠道。"智识历史"课程在我校七年级到九年级全面实施，针对学生的不同学习阶段和学习特点，安排了符合学情的专题性课程，从不同方面有针对性地培育历史学科核心素养，即在学习"智识历史"课程中，逐渐形成的具有学科特质和反映学科价值的关键品质和重要精神，从而真正落实立德树人的根本任务。

一、打造"智识课堂"，推进历史课程有效实施

"智识课堂"将以学生的发展作为课程的出发点与归宿，注重学生的成长与个性。它作为学生自主、合作、探究学习的重要平台，面向全体学生，关注全体学生，因材施教，具体问题具体分析，让每一个学生都能参与多元丰富的历史课程，完成课程体验，感受课程魅力，享受课程乐趣。

（一）"智识课堂"的基本要求

1. "智识课堂"是以生为本的课堂。"智识课堂"的学生是主体和中心，教师是主导和关注者。"智识课堂"首先要依据课程标准，依托课前自学，设置问题导向；同时要抓住学生所需，结合现实条件，调整教学设计。"智识课堂"要注意在学生中开展合作学习，组织学习活动，不断提高学生的学习能力；尊重学生思维，重视学生的自我发展，最终做到整体优化教学。

2. "智识课堂"是知行合一的课堂。历史课程教学要以历史学科特点和学生发展需要为导向进行教学，对内容进行有机整合、科学设计，进行有针对性的教学，避免理论内容与实践活动割裂开来。以培养历史核心素养为目标，形成明确的教学要求和操作要领，准确地把握历史课程的特性，努力使理论知识的学习服务于学生的现实需要。师生之间教学相长，理论和实践之间融合创新，提高能力，培育素养，塑造人格。

3. "智识课堂"是立德树人的课堂。"智识课堂"的终极目标是完成立

德树人的目标。历史核心素养需要依靠多元化的知识和技能才能得以培育，其中的家国情怀是学习历史和认识历史在思想、观念、情感和态度等方面的重要体现，更是实现学科育人功能的重要标志之一。因此"智识课堂"必然是从客观知识的理解、内化出发，提升主观情感、态度和价值观的发展，最终将立德树人的根本任务扎根于课堂。

（二）"智识课堂"的评价标准

"智识课堂"是以生为本，以核心素养为基准，坚持全面评价，多样化评价原则，过程性和结果性评价相结合作为主要形式，观察个体动态发展的全方位数据，在合格、良好、优秀三个层级方向上予以评价。

1. 合格的标准：重视学习的主体性（60—74分）。教师对学生的情况熟知于心，针对不同学生的学习情况，分层制定学习目标，精心确定教学内容。学生通过合作、讨论和探究等自主学习方式，理解并掌握课堂知识，并通过与同伴的交流合作等方式，学会并运用学习的技能。教师要善于挖掘学生潜能，激发学生的学习自主性，在学生积极参与的过程中，及时发现其闪光点，给予针对性和激励性的肯定与表扬。同时教师也要正确认识学生的错误，允许犯错误，给予及时引导，以求做得更好。达到这一标准的"智识课堂"才能被评价为合格的"智识课堂"。

2. 良好的标准：重视环节的多元化（75—89分）。多元化的课堂要依据学生的不同情况和课程的实际内容，设立恰当的环节，让学生在教师创设的多元化活动中完成互动。多元化的课堂活动可以是课上课下，也可以是校内校外，在保障安全的前提下，通过各式各样的活动完成教学目标。教师积极构建多元有效的教学活动，在多元化的活动之中，促进师生在课堂上的互动，以提高学生的兴趣度、参与度和学习质量。让每个学生在多元化教学活动中都能成为主角，学生彼此之间都能成为伙伴。教师通过在课堂中设置多元化活动，创设出学生主动参与、自我主动发展的课堂环境，结合学生情况和现实条件，引领学生完成"智识课堂"中的知识获得与情感体验。达到这一标准的"智识课堂"才能被评价为良好的"智识课堂"。

3. 优秀的标准：重视发展的多维度（90—100分）。"智识课堂"是否优秀应当以学生经过课程学习之后的变化发展为标准。因此，评价"智识课堂"不仅要看在课程教学中，教师是否能够完全做到以生为本，设置多元有效的教学活动，更要注重教师是否能够让单一化的教师教学过程提升为学生多维度的学习过程。为了达到多维度标准，"智识课堂"一直致力于研究多维度的课堂方式，探索多维度的教学方式，对有限的教学内容进行深入探讨、研究和挖掘，引导学生深度参与课程。学生在这样的课堂里才能够去积极思考，发散思维，发展自我，深入探究，从仅仅获得理论知识不断扩展到增强技能，塑造情感，培育素养等，由此达到多维度发展的目的。达到这一标准的"智识课堂"才能被评价为优秀的"智识课堂"，具体评价细则如下（见表6-2-3）。

表6-2-3 合肥市五十中学西校历史学科"智识课堂"评价表

评价项目	评价内容	分值	得分
教学目标	目标明确，重难点突出，具有可操作性	5分	
	完成目标，符合学生生活实际	5分	
教学内容	安排合理，难易适中，内容适中	5分	
	条理清晰，内容充实，贴近生活	5分	
教学策略	能创造性地设计问题，启发引导学生	5分	
教学方法	教学方法灵活多变，能应对课堂不同情况，具有教学机智	5分	
教学过程	恰到好处地引导学生进行积极思考	10分	
	科学性训练，拓展学生思维	10分	
	尊重学生个体体验，引导学生进行深入思考	10分	
	课堂气氛热烈，讨论积极，学生参与度高	10分	
	有效利用媒体，创设情境，使用有效的方法，拓宽学生学会学习的途径	10分	
教学效果	教学目标有效达成	5分	
	课堂气氛活跃，学生参与积极，个性得到展示和发展	5分	
	学生有收获，课堂有延伸	10分	

二、设立"智识活动日"，激发历史课程学习兴趣

我校积极以"智识活动日"为实施途径，开展形式多样、面向全体、具有历史学科特色的各种活动，拓展历史学科实践。学生在丰富多彩的活动日课程中，能够通过体验教育和实践活动，提升理性认知，丰富感性积累，在

交流中增强认识，提高能力，培育素养。

（一）"智识活动日"的实施

学校将历史课程的学习和学生的生活有机结合，让学生感受到历史就在身边，体验学习历史的快乐。活动按主题有序进行，如：生命起源、格物致知、英雄儿女、春风依旧、扬帆远航、文以载道、寻访游学、峥嵘年代、光辉岁月、大国崛起、经世致用、盛世遗风、百家讲坛、同沐书香、律政风云、群英荟萃、朋自远方、锦绣丝路、海峡两岸、客从何来、文明源泉、模拟战场、万世师表、书香画海、歌以咏志、我有嘉宾、文艺复兴、科技之光和沧海拾珠等。

（二）"智识活动日"的评价

1. 赛事性评价。赛事评比是促进学习的一种积极方式。对于中小学生来说，赛事评比是促进学习的一种积极方式，同时也是一种良好的课程评价方式。根据我校实际，拟定每一个学年都有不同主题的"智识历史"课堂赛事活动，比如开展手抄报比赛、手绘明信片比赛、演讲比赛、讲历史故事比赛和历史剧比赛等。以我校进行的历史剧比赛为例，比赛以班级为单位，人人参与，年级内进行剧目表演和评比。教师事先拟定赛事规则和评分标准，各个班选出一名学生评委，教师评委、专业评委和家长评委组成评委团，各个评委根据评分细则进行打分评价，最后评出一、二、三等奖，以及优秀组织奖、最佳表演奖、最具风采奖、最佳合作奖和最具创意奖等。

2. "智识活动日"评价表。在活动中，我们根据学生的表现，评选出"智识精英"，评价表如下（见表6-2-4）。

表6-2-4 合肥市五十中学西校历史学科"智识精英"评价表

智识之星		智识之力	
	想一想，再涂色		议一议，再打分
参与星	☆☆☆☆☆	自主能力	
动手星	☆☆☆☆☆	实践能力	
创意星	☆☆☆☆☆	创造能力	
合作星	☆☆☆☆☆	合作能力	
评定人：			

三、倡导"智识研习",培育人文素养

"读史使人明智","智识研习"的本质是将学生塑造成独立思考的个体,各有所长的发展,学会学习,更要学会思考,掌握知识,更要充满智慧。"自主、合作、实践、创造"是"智识研习"重点培养的学习能力,学生具备这些学习能力是"智识研习"不懈的追求。对于学生来说,在"智识研习"过程之中要养成良好的学史习惯;对于教师来说,在"智识研习"过程之中更要注重方式方法。在"智识研习"之中,我们更期待的是学生的体验,是基于历史学科又超越历史学科的一种关于人文学科的学习,也是获得基于历史学科又超越历史学科的人文素养。

(一)"智识研习"的实施

"智识研习"可以划分为课上课下、校内校外两线并存。其中课上、校内属于常规教学活动,于此不过多赘述,重点介绍课下、校外的实施方法。为了保障"智识研习"可以创造不受时空限制、个性化设计、快速及时、多次重复和交互协作的学习环境,在课下的环节中可以充分利用借助网络资源,组织线上学习,构建学习历史的新渠道。比如课下自行上网观看历史电影,查阅历史资料等。关于校外活动,我们计划联系从事历史学的相关工作人员,例如高校教授和博物馆讲解员等,为学生组织历史学启蒙讲座。同时计划寻求社会资源的协助,比如与博物馆、纪念馆等达成合作,组织学生定期参观学习等。两线并存给历史学教育打造更高的起点和更广阔的平台,为"智识研习"提供丰富的学习资源,为学生个人发展和教师专业成长提供有力的智力支持。

(二)"智识研习"的评价

1. 过程性评价。

在过程性评价中,将常规操作中学习结果占据评价百分百的比重,转化成按照阶段性成果的比重分配。例如学生一学年中参与的每项"智识研习"活动占据总成绩的百分之十,每一学年结束进行总结,根据权重等级对学生进行评价和奖励。这样能够最大限度地激发学生积极性和主动性,让学生在学习过程中通过努力就可以达成小目标,体会到过程的重要性和获得成功的喜悦感。

2. 评选性评价。

我们在"智识研习"课程中,依照不同主题,开展了一系列评比活动,

既能够活跃校园文化生活，展示学校素质教育特色，同时也是在挖掘学生的内在潜能，激发学生的学习兴趣。比如"国学明星"评比活动，学生可以利用多媒体剪辑上传国学经典诵读的视频，借助我校微信公众号、宣传网站等，对此活动和栏目进行推广，让广大家长、学生、老师来评选"国学之星"。增加学生自信的同时，更拓宽了该活动的社会参与度，扩大"智识研习"的影响力。

四、建立"智识社团"，享受学习历史的独特体验

随着课程内容的不断拓展，学生社团已经成为发展学生自主管理的新型课程，是实施素质教育的重要内容。"智识社团"让学生在日常校园生活中组织社团，为学生展示自我、丰富爱校园生活搭建平台，同时也有利于传承我校丰厚的文化底蕴，并逐渐形成学校品牌项目，在校园文化建设中起到了提升层次、构建载体、凝聚学生和群体示范的作用。

（一）"智识社团"的实施

1. 历史光影。

历史光影社团邀请我校在剧目表演上有丰富经验的舞乐老师，选拔学生为固定成员，进行系统组建。社团成员和老师参与其中，自主搜集素材，自我创作，编写剧本，自导自演。拟定以舞台剧、音乐剧、微电影和广播剧等形式来重现历史画面，拉近学生与历史人物之间的距离，感受历史人物的生活状况和精神面貌。

2. 百家讲坛。

百家讲坛社团会定期邀请从事历史学工作的社会人士，如高校老师、考古工作者、博物馆讲解员等走进校园，进行主题讲座，从更高的平台上出发，给学生带来更加丰富的史学感悟。此外，我们还定期请"史学精英"学生代表进行国旗下讲话，为我们介绍历史长河中曾璀璨过的历史文物、历史人物等，既增强学生的史料解读能力，也鼓励学生敢于表达自我。

3. 模拟战场。

模拟战场社团以利用沙盘模拟和电脑还原等技术，将中国乃至世界历史上的重大战役重现。比如重现中国古代史中以少胜多的战役案例，让学生感受到中国古代战争对社会发展产生的"毁灭—重塑"作用，更感叹中国古代

军事英才的用兵智慧。再比如重现世界反法西斯战场中险象环生的战况,让学生感受到战争的冰冷残酷与和平的来之不易,让学生更加珍惜宝贵的生命,珍惜美好的生活。

(二)"智识社团"的评价

1. 积分式评价。

积分式评价是用积分(奖分或扣分)对学生的能力和表现进行全方位量化考核的一种评价方法。积分式评价以积分的多少来衡量学生的综合表现,从而调动学生主动参与的积极性。以百家讲坛社团为例,学生活动中每个人分享的主题不同,方式不同,难以统一标准,因为不能磨灭学生的多元发展,不能强行统一要求、步调和内容,因此在评价标准、方式上应当更加灵活多样。学生可以将自己准备的主题演讲录制成"微讲坛"的模式,上传学校网站,根据读者的点击率、回复、点赞和评论,进行积分的累积,再根据积分对学生进行评价和奖励。

2. 量表式评价。

每个社团都有一定的评价标准,具体要求如下(见表6-2-5)。

表6-2-5　合肥市五十中学西校历史学科"智识社团"评价表

评估内容	评估标准	评估方式	得分 自评	得分 督评
课程规划 30分	社团有规范、健全的组织机构,有活动场所;社团指导教师,能够指导学生社团建设。 15分	访谈学生 查阅资料		
	有社团章程和管理制度,有计划有总结;工作计划任务明确、重点突出、措施得力;工作总结全面具体。 15分	访谈学生 查阅资料		
课程实施 40分	社团活动常态化、规范化,做到前有计划,后有总结;每学期活动不少于15个课时,过程性资料详实。 20分	查阅资料 访谈学生		
	社团每学年至少进行1次校内交流展示。 20分	查阅资料		
课程评价 30分	有固定的招收团员办法,根据社团现状,适时招收团员;社团规模建制不少于10人,每学年至少对团员进行一次评定。 15分	访谈学生 查阅资料		
	积极参加本社团组织的各项活动,并积极参加各级比赛,取得荣誉表彰。 15分	访谈学生 查阅资料		

综上所述，智识历史课程以识记历史知识为基础，开启智慧为目标，增强学习兴趣，提升人文素养，促进全面发展。

（撰稿者：童丽丽　祝星瑞　潘婷婷　胡志杰）

第七章

质量监控：
学科课程的管理变革

> 学科课程管理要建立一个动态的质量监控体系，为学科课程深度变革提供支撑。学科课程管理要以价值引领为灵魂，通过组织建设、制度建构、校本研修和课题研究等方式，为课程的有效实施提供保障。

基于课程质量监控比较困难的问题，学科课程的管理变革日益受到关注。五十中学西校从以下四个方面入手推进课程管理，取得了可喜的成效。

一是价值引领：确立课程价值追求。这是学校课程管理的灵魂，让所有教师都按照学校的价值观来推动课程建设，是五十中学西校课程管理变革的重要内容。五十中学西校秉承"大爱于心，致真于行"的核心办学理念，坚持文化立校、课程统领，努力实现品质提升、内涵发展，致力建成为多元开放、和谐共生的高品质中学。因此学科课程的价值追求是立足于培养有情怀的学生，追求学生的个性发展，成为"大爱于心，致真于行"的人。

二是组织建设：促进课程目标实现。要开发五十中学西校课程，依靠的是团队，就需要建立一个高效的学校课程管理的组织机构。第一是"自立"。成立由校长领导的学校课程研发中心和由各个课程组的业务负责人领导的课程实施小组。第二是"借力"。借力与上海普教所深度合作，开展了"LOVE"课程群建设，包括"美心美术""韵动健康"等课程群，有利于推进五十中学西校课程发展。第三是"合力"。组织机构的各个人员有共同的目标，本着"分工不分家"的原则进行了明确的分工，相互信任，合作交流，共同成长。

三是专业发展：促进课程有效实施。人际管理理论认为，"教师"是社会人，是复杂的社会系统的成员，对教师的激励应把专业发展放在第一位。在片区教研方面，教师要有终身学习的能力，不仅要了解学情，而且还要立足课堂教学开展片区教研，加强校级学科交流，进而提高教师的教研水平；在课题研究方面，以课题研究为载体，进行一系列的子课题研究，形成科学的教育理念，通过课题研究，探索有效课堂教学策略，让学校课程更加丰富多彩；在学科课程方面，在大爱教育理念引领下，五十中学西校开展了"新教师课程"，包括"敬业课程""乐业课程"和"适业课程"，为教师搭建互帮互助、共同成长的平台，以团队来带动每一位教师的专业发展。

四是制度建构：保证课程有序推进。学科课程管理制度是学校共同遵守的学科课程规划、学科课程开发、学科课程实施、学科课程评价和促进学科发展的课程反思等一系列规程和行为准则，是学校实现课程变革的机制。在课程建设制度方面，根据五十中学西校各项制度，成立了课程建设领导小组，制订并讨论学科课程建设规划，与全体教师共同研讨课程制度；在课程管理制度方面，包括了课程前期设计、课程内容选择、课程实施硬件和学生评估等方面；在课程反思制度方面，通过学期的课程反思会，可以经历一个分析问题——找原因——寻找方法——精益求精的过程，课程反思能更好地完善学校课程的架构、实施和评价。

学科课程管理措施有效，能比较好地满足学校课程实施要求的落实。五十中学西校的学科课程的管理变革以价值引领为灵魂，组织建设、专业发展和制度建构为保障，促进课程有效实施。

（撰稿者： 胡志杰　苏婷）

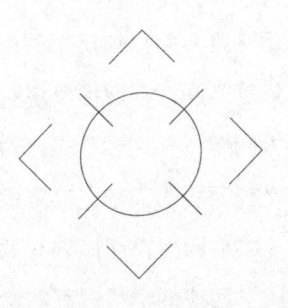

美心美术：内外兼修，美心美形

五十中学西校美术学科教研组由 4 位老师组成。教师年龄结构合理，有经验丰富的老教师 1 位，中学高级职称。3 位年轻积极的青年教师，中学二级职称。

美术教研组秉持"塑造学生内在美和外在美"的美心理念，制订美术学科课程建设方案，推进我校美术学科课程建设，取得可喜的成效。

第一部分　学科课程哲学

一、学科性质

美术课程是对生活物象的感知、理解与再创造特征的学习，美术学科又是对于校园进行美育文化学习的最好实践途径，是九年义务教育不可或缺的素质课程，对中学生综合素养的提升有着不可替代的作用。

美术课程凸显视觉性。学生在美术学习中激发其视觉、触觉和其他感官的运用，从而增强学生的感知能力、思维的敏捷性和艺术的表达能力。

美术课程具有实践性。学生在美术学习中将生活中的现实物体与自我认知结合起来，运用多种艺术手法乃至新媒体创造艺术作品，对想象能力、实践能力和创造能力的培养是有帮助的。

美术课程追求人文性。学生在美术学习中认识和了解不同时期、不同国家的艺术作品，学会尊重艺术的多样性与差异性，从而让学生关注生活中的美术现象，拓宽文化领域，增强民族认同感，培养人文精神。

美术课程强调愉悦性。学生在美术创作中可以自由地抒发内心的情感世界，激发对美术学科的学习兴趣，陶冶艺术情操，形成健全的人格。

二、学科课程理念

1. 体现素质教育的要求，面向全体学生，通过学习体验美术的不同领域，学生会在不同的潜质上获得不同程度的发展。

2. 美术课程应具有阶段性，要与不同年龄阶段的学生情感和认知特征相适应，运用巧妙灵活的学习手段，因材施教地激发学生学习兴趣，并使这种兴趣转化为良好的学习习惯和更为高尚的情感态度、价值观。

3. 美术课程应与学生的现实生活相关联，做到源于生活更高于生活，提升实践价值，提高精神文化和生活价值；逐步了解艺术文化的丰富性，认识艺术的分类（绘画、雕塑、建筑等）、美术形式多样性以及其社会价值，培养热爱祖国的优秀文化传统，具有民族认同感归属感，同时能够尊重世界文化的多样性与差异性，形成正确的人生观与价值观。

4. 重视对学生个性与创新精神的培养，学会运用美术的方法，将创意转化为具体成果。通过综合性学习和探究学习，锻炼学生在具体情境中发现与探索，讨论与学习，形成团队意识，合理发展个性，虚心接纳他人意见，塑造健全的人格。

第二部分 学科课程目标

《义务教育美术课程标准（2011年版）》指出："学生以个人或集体合作的方式参与美术活动，激发创意，了解美术语言及其表达方式和方法；运用各种工具、媒材进行创作表达情感与思想，改善环境与生活；学习美术欣赏和评述的方法，提高审美能力，了解美术对文化生活的社会发展的独特作用。学生在美术学习过程中，丰富视觉轴觉和审美经验，获得对美术学习的持久兴趣，形成基本的美术素养。"①

美术教育是学校教育的不可或缺的部分，是美育文化的重要传播途径，是学生艺术修养的重要构成要素。美术是传达感情、陶冶情操、培养审美情趣的学科，是学校实施素质教育的窗口，它不仅自身具有人文价值，同时还与许多学科相辅相成，体现了学科间的互通性。在中学教育中，强调美术教育，有利于丰富想象力，提高表现力和创造力；有利于对人文精神的提升、综合素质的提高；更有利于素质教育的落实。

"美心美术"课程的学习过程是培养学生形成富有个性化的思维模式、团队意识的行动思维、健全的价值体系的培养过程，对学生今后的成长、发展，塑造形成健全人格和完美人性起着重要作用。作为美术教育工作者，我们尽可能地把美术教育作为培养学生的身心健康、充分感受到美术的魅力、提升艺术品位及综合素养的重要手段。

一、学科课程总体目标

美术教育是落实素质教育中不可缺少的有机组成部分，实质是确保学生全面发展，提高学生整体素质，培养21世纪高素质人才的教育学科，科学地使德、智、体、美、劳有机地统一起来，美术教育的作用不可低估。原国家教委副主任柳斌在1996年全国艺术教育工作会议上强调指出：整个教育事业中，美育是非常主要的。美育是运用艺术美、自然美、创造美的能力的教育。美育不仅是自身，而且也渗透到德育之中，"以美辅德，以美辅智，以美促劳，以美健体"。

结合五十中学西校的实际情况，我们把"美心美术课程"目标初步确定为："美心美术"课程注重开展形式多样、面向全体、具有美术特色的各种活动：美心美术社团课程、线上线下研学美术课程、美心美术节日课程，做到充分发挥学生的主体性和创造性，以个人或集体合作的方式通过参与美术课程，激发创意；了解美术语言，学会其艺术表达形式与方法，合理运用各种工具、媒材结合生活现实进行创作，传递情感与思想，完善校园环境，提升生活品质；学习美术欣赏评述的方法，提高鉴赏能力，了解美术对文化生活和社会发展的独特作用。

---

① 中华人民共和国教育部. 义务教育美术课程标准（2011年版）[S]. 北京：北京师范大学出版社，2012：6.

二、学科课程分段目标

依据《义务教育美术课程标准（2011年版）》指出，美术学习活动方式划分为"造型·表现""设计·应用""欣赏·评述"和"综合·探索"四个学习领域，我们结合学校实际情况和特色来设定我校"美心美术课程"的学习目标。（见表7-1-1）

表7-1-1　合肥市五十中学西校"美心美术"课程分段目标表

学习领域	目标
美心手绘	（1）观察、认识与理解线条，通过的基本造型元素（如：形状、色彩、空间、明暗、肌理等），合理运用对称、均衡、重复、节奏、对比、变化、统一等形式原理进行造型创作，增进想象力和创新意识。 （2）通过学习和创作手绘作品，发展艺术感知能力和造型表现能力。 （3）在实践创作中体会手绘的乐趣，自由发挥思想情感，产生对美术学习的持久兴趣。
美心手工	（1）了解设计与工艺的知识、意义、特征与价值，了解"物以致用"的设计思想，熟知和掌握设计与工艺的基本过程，形成善于关注身边事物、善于发现问题和解决问题的能力。 （2）感受各种材料的属性，学会根据构思选择创作材料与工具，发展创新意识和创造力。 （3）养成良好的创作行为习惯，做到勤于观察、敏于发现、严于计划、善于借鉴、精于制作，耐心细致、团结合作的工作态度，致力于改善环境与美化生活。
美心赏析	（1）感受现实生活中的自然美，了解美术作品的题材、主题、形式、风格与流派，认识重要的艺术家和美术作品，了解美术的重要性，初步形成审美判断能力。 （2）学会从多角度欣赏与认识美术作品，掌握美术鉴赏的基本方法，能够在文化情境中认识美术，逐步增强视觉感受、提高理解与评价能力。 （3）提高美术兴趣，培养审美情趣，尊重优秀的传统文化，做到继承与发展，对于外来艺术文化虚心接纳与学习，形成尊重世界多元文化的态度。

第三部分　学科课程框架

一、学科课程结构

我校"美心美术"课程依据课程标准主要分为手绘、手工、赏析三类进行课程构建(见图7-1-1)。

下图中,各板块课程具体表述如下:

图7-1-1 合肥市五十中学西校"美心美术"课程结构图

(一)美心手绘

"形"与"色"是美术造型最基本的元素,本课程内容主要包含线描、彩铅画、各种系列的手绘明信片、校园景点手绘、墙绘、筛子画、扇子画。学生学习中学会造型表现的技能,体验了造型的乐趣,同时学会运用美术的方式表达思想和情感;学生学会观察生活,并拥有了发现美、记录美、表达美的能力,尊重自己美术表达的自信和尊重表达的个性。

(二)美心手工

内容主要为手工课程,包括纸的创想、手抄报设计制作、扎染艺术、废旧物改造、校外摄影、中华文化的探索。

希望学生在美术学习过程中相互讨论、相互合作、相互探索,从而擦出思维的碰撞,更能掌握沟通交流的能力。在这个过程中他们增强了勇于克服困难、积极思考、解决问题的能力;体贴关心人、爱护社会视觉文明的责任感;培养科学精神、创新精神、真善美品格等。

（三）美心鉴赏

内容主要为美术欣赏课，其中学习相关美术基础知识、中国书画赏析、中国传统文化鉴赏（建筑、民间艺术、工艺美术等）、现代艺术鉴赏、西方作品赏析，以及一些相关的优秀美术纪录片。

学生通过对美术现象、美术作品和自然美等进行观察、描述和分析，一步一步地形成属于自我审美趣味和美术欣赏能力。学生以小组的形式课前准备、交流讨论，从广泛的文化背景中理解美术作品，学生学会如何"欣赏评述"示范；另一方面学生理解美术和"评述"美术的理论依据，自己构建评价观点，进一步涵养学生的人文精神和增强语言、文字及动作的表达能力；他们在未来更加珍视人类文化遗产，重视民族情感、爱国主义，拥有对多元文化包容的现代人格。

二、学科课程设置

所有课程各年级依据不同的学情，由浅入深、由易到难，循序渐进地把课程内容贯穿七、八、九三个年级之中，由不同年级段的老师分别实施（见表7-1-2）。

表7-1-2　合肥市五十中学西校"美心美术"课程设置表

内容＼年级	美心手绘	美心手工	美心鉴赏
七年级上学期	基础线描 手绘生活	纸的联想	美术基础知识
七年级下学期	彩铅创作 中国书画赏析	彩铅创作 手抄报制作 中国书画赏析	彩铅创作 中国书画赏析
八年级上学期	手绘校园 团扇写意	扎染艺术	中国传统文化鉴赏
八年级下学期	竹筛色画	废旧物改造	西方作品赏析
九年级上学期	校园墙绘	校外摄影	现代艺术鉴赏
九年级下学期	手绘明信片	中华文化探索	艺术纪录片

"美心美术"课程在设置上不仅围绕班级开展，为尽量照顾到不同层次

的学生，打造多样化的课堂，除了美术教学的课堂学习，还有美心美术社团课程、线上线下研学美术课程、美心美术节日课程等，与课堂教学相辅相成。

三、学科课程内容

围绕"美心美术"课程的设置，根据学生的自我发展水平，我校对展开学科课程进行部分解读（见表7-1-3）。

表7-1-3 合肥市五十中学西校"美心美术"学科内容设置表

课程名称	课程目标	课程内容
校园墙绘	提升绘画能力，美化校园，感受手绘的快乐	学习丙烯颜料的运用及特征，利用学校的白墙进行作画等活动。
竹筛色画	感受不同材质作画的效果，美化教室	讲述不同尺寸竹筛构图独特性，运用水粉丙烯颜料，在凸凹不平的竹筛进行绘画，教师点评，学生自评互评。
校外摄影	学习摄影知识，在拍摄中感受大自然的美，熏陶身心	在课堂上教学生摄影构图，以及相机使用技巧，带同学去校外通过实践学习并举办摄影展。
中国书画赏析	感受中国书画的魅力，学会赏析方法	观看大量名画及书法图片，并学习如何赏析一幅作品。

第四部分 学科课程实施

课程在我校七、八、九年级实施，针对学生身心、学习阶段性的特点，引导学生从不同维度体验美术课程中不同门类的艺术魅力，增强美术基本功、审美能力以及人格修养，培养学生综合素养中发现美、欣赏美、创造美的能力。

一、建构"美心课堂"，扎实学生美术基本功

"美心课堂"将促进学生内在美和外在美的和谐统一发展作为出发点和

目标，学生在课堂教学中通过思考、动手、讨论等形式完成合作交流、探究学习、自我提升。学生通过丰富多彩的课堂学习，掌握基本的知识技能，了解美术对文化生活的社会发展起的独特作用，提高审美能力和解决问题的能力，促进人格的全面发展。

"美心课堂"是以生为本，打造多样化的课堂，学生在感受、体验、创造美的过程中完善人格，提高综合素养。

美术课堂教学以学生每个阶段的年龄特征为出发点，设计不同类型的课堂教学，将手绘、手工、欣赏等内容进行有机整合、科学设计、交叉互补，采取多样化的方式进行教学，如运用多媒体技术、尝试不同材料的美术创作等。以学生为主体，教师为主导，教学活动为主线，学生能力培养为核心。

在这个过程当中，提高学生的积极性，增强主动解决问题的能力，准确把握美术对于审美能力、健全人格的培养，促进学生的全面发展。

二、创设"美心社团"，发展美术学习兴趣

社团课程类型多样：手绘（美心手绘）：主要教授素描、水粉、线描、彩铅画等造型表现基础，如中国古典扇子画，筛子画创作，科幻画比赛，校园墙绘等活动；手工（美心手工）：了解设计应用的基本知识，根据实际情况进行实践操作，如校报的设计和制作，手抄报比赛，班级环境设计，校园明信片设计等活动；赏析（美心赏析）：对古今中外有代表性的作品进行欣赏评述，学生逐步掌握如何欣赏一幅美术作品，并用自己的语言勇敢地进行表达，如名家名画欣赏系列、学生作品展、摄影作品评选等活动。

三、激活"美心美术节"，浓郁美术学习氛围

美术不仅仅是审美的艺术，更是要在这个过程中发掘学生的自我价值，将所学运用到生活中去，在实践中塑造更完善的人格。美心美术课程借助相关节日开展黑板报设计、手抄报设计、摄影展览等相对应的活动；校际交流时，学生绘制扇子画、书法等具有中国传统特色的美术形式进行成果展示，提高学生的技能水平，培养自信心和创造力，增强他们对祖国、世界文化的敬仰和传承。

学生参加比赛是一种很好的课程实施和成果展示方式，也是一项针对性

较强的课程评价方式，每学期开展手抄报比赛、书画才艺大赛、黑板报评比、摄影展、参加校外各种美术比赛等。以书画比赛为例：设定主题，以班级为单位，收集作品进行评比，拟定比赛规则和评分标准，学生、教师、专业、家长评委等，各个评委根据评分细则进行打分评价，评出奖项，表彰展览。

综上所述，"美心美术"课程是传达感情，陶冶情操的课程，是培养学生的身心健康、充分感受到美术的魅力、提升艺术品位及综合素养的重要手段。我校"美心美术"课程注重开展形式多样、面向全体、具有美术特色的各种活动，培养学生不论在美术作品中还是生活环境中，感知美、发现美、运用美，获得对美术学习的持久兴趣，形成基本的美术素养。

（撰稿者：卢慧　徐溪宏　金佳佳　胡志杰）

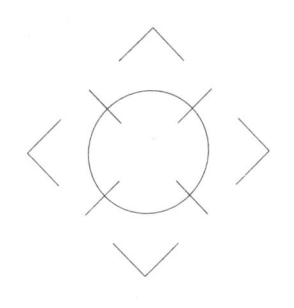

韵动体育： 韵味牵动肢体，健康带来快乐

五十中学西校体育教研组现有专任教师 14 人，均毕业于高等体育院校。教研组中，从年龄来看，有经验丰富、严谨认真的中年教师 4 人，也有着精力充沛、创新进取的年轻教师 10 人。从职称来看，有中学一级职称教师 4 人，中学二级职称教师 10 人。从专业来看，其中田径专业 3 人，篮球专业 5 人，足球专业 2 人，健美操专业 3 人，武术专业 1 人，网球专业 1 人。我校一直以来以田径为骄傲，每年在省、市、区级比赛中都取得骄人成绩；篮球也逐步成为我校的一张名片，男、女篮球蝉联区级冠军，在合肥市比赛中成绩也是名列前茅。

第一部分　学科课程哲学

一、学科价值观

体育课程对于提高学生的体质和健康水平、促进学生全面和谐发展、培养社会主义现代化建设高素质劳动者，具有极其重要的作用。

1. 增进身体健康。通过本课程的学习，学生能够提高对身体和知识的认识，掌握有关身体健康的知识和科学健身的方法，提高自我保健意识；坚持锻炼，增强体能，促进身体健康；养成健康的生活方式与行为。

2. 提高心理健康水平。通过本课程的学习，学生将在和谐、平等、友爱的运动环境中感受到集体的温暖和情感的愉悦；在经历挫折和困难的过程中，增强抗挫折能力和情绪调节能力，培养坚强的意志品质；在不断体验进步和成功的过程中，增强自自尊心和自信心，培养创新精神和创新能力，形成积极向上、乐观开朗的生活态度。

3. 增强社会适应能力。通过本课程的学习，学生理解个人健康和群体健康的密切关系，建立起对自我、群体和社会的责任感；形成现代社会所必需的合作与竞争意识，学会尊重和关心他人；培养良好的体育道德和集体主义、社会主义、爱国主义精神，学会获取现代社会中体育与健康的知识方法。

4. 获得体育与健康知识和技能。通过本课程的学习，学生能够掌握体育与健康的基本知识和运动技能，学会学习体育的基本方法，形成终身锻炼的意识和习惯；学生可以根据自己的兴趣爱好和不同需求，选择个人喜爱的方法参与体育活动，挖掘运动潜能、增强运动欣赏能力，形成积极的余暇生活方式；学生可以提高运动中的安全防范意识，获得在野外环境中的基本生存技能。

二、学科课程理念

所谓"韵动体育"，就是"有节奏地跳动，有韵律、有规律地运动"。

"韵动体育"是"韵之爱"体育。全体学生喜欢上了体育，全面参与到体育运动中来，养成良好的运动习惯，激发和保持运动兴趣。

"韵动体育"是"韵之能"体育。着重培养学生的学习技能，以身体练习为主要手段，配合"韵动"技能为内容，进一步提高运动技能的发展。

"韵动体育"是"韵之动"体育。以养成终身体育为目标，掌握韵动健康知识的学习，培养学生的运动兴趣，自觉、积极地参与体育锻炼。

"韵动体育"是"韵之行"体育。在体育运动中，对学生的心理、生理进行更好的培养，通过游戏和竞赛来提高学生的学习积极性，增强其身体基本的活动能力，培养奋勇拼搏、永不言败、团结协作的体育精神。

第二部分　学科课程目标

《义务教育体育与健康课程标准（2011年版）》指出：课程的性质是以身体练习为主要手段，以学习体育与健康知识、技能和方法为主要内容，以增强学生体质，培养学生终身体育意识和能力为主要目标。体育与健康课程具有基础性、实践性、健身性、综合性。韵动课程强调学生要积极主动地掌握运动项目、技能和方法，养成科学运动锻炼的行为习惯，树立学生终身体育学习、健康生活的良好意识。

一、学科课程总体目标

"韵动健康"课程包括韵之爱运动参与、韵之能运动技能、韵之动身体健康和韵之行心理健康与社会适应四个部分。

1. 韵之爱-运动参与：学生能够积极主动参与运动，并讲出参与课程运动项目对身体发育及健康生活带来的实质性影响；学生认知各项目规则，具有独立欣赏体育赛事的能力。在合作类课程中，能够基本找准自己的位置，帮助团队获胜。在课程参与过程中找到成功的乐趣，收获健康与自信。

2. 韵之能-运动技能：通过课程的逐渐学习与练习，逐步提高力量、速度、耐力、灵敏、柔韧五大身体素质。通过正确的方法和适当的锻炼，从各个方面提高身体素质水平。至少熟练掌握1项球类项目，1类田径类项目，从而树立终身体育的健康目标。

3. 韵之动-身体健康：中学生具有进入青春期后身体发育速度快，身高、体重增长快速的特点。学生能够了解自己的身体，在体育与健康课程中，学生能够主动找到适合自己的运动项目长期坚持参与。塑造良好的体型、身体姿态，做阳光好少年。

4. 韵之行-心理健康与社会适应：培养坚强的意志品质、学会调控情绪的方法、形成合作意识与能力、具有良好的体育道德。

二、学科课程具体目标

表7-2-1 合肥市五十中学西校各年段课程目标

七年级上学期

韵之爱	韵之能	韵之动	韵之行
1. 课堂常规，关爱同学尊重老师，不迟到，不早退，穿合适鞋服。 2. 关注自己的健康，掌握健康的概念及组成部分。 3. 认识生活方式对健康的影响。	1. 每天坚持一小时体育锻炼。 2. 理解体育锻炼的益处，主动进行体育锻炼。 3. 能够根据个人的实际情况制订简单的体育锻炼计划。 4. 掌握跑操要领，节奏准确。 5. 培养篮球、足球、排球的球感。	1. 掌握和应用平衡膳食的要求。 2. 了解青春饮食习惯与健康的关系。 3. 运用体育锻炼和调整饮食的办法来控制体重。 4. 认识传染病对人类的危害以及传播途径。 5. 认识常见传染病的种类，掌握传染病预防的基本策略和常见技能。	1. 正确对待困难，主动培养良好的意志品质。 2. 了解自己的情绪，学会调节情绪的方法。 3. 基本与同学的学习与合作，并互评。 4. 参加一项体育社团，并且掌握社团课程。

七年级下学期

韵之爱	韵之能	韵之动	韵之行
1. 对运动项目有充分的了解，能够判别田赛、径赛。 2. 做一名关注父母长辈的身体健康，并督促自己养成健康生活模式。 3. 课下做到少玩手机，多运动。	1. 每天坚持一小时的体育锻炼。 2. 基本掌握跑、跳跃和投掷对锻炼身体，增进健康的作用和价值。 3. 坚持长期性练习，提高个人技术。 4. 逐步增加力量练习。	1. 简单掌握和应用上下肢力量的练习方法，如：深蹲、俯卧撑。 2. 合理安排运动量。 3. 培养一项操类项目，发展身体柔韧素质。	1. 情绪稳定，能够自己积极勇敢地战胜困难。 2. 自信应对课程学习与人际交往。 3. 参加社团活动，积极报名社团比赛。 4. 积极报名各项中学生体育竞赛，校园选拔赛。

第三部分　学科课程框架

为了实现上述课程目标,我们建构了学校体育学科的"韵动健康"课程框架,"韵动健康"课程面向我校全体学生,以教师为主导,学生为主体,将学生放在体育课程开发的核心位置,尊重学生的个体差异,满足不同年龄阶段的学生学习需求,为其体育素养的形成提供全面、丰富的课程滋养,使每个学生都能在体育学练中得到全面综合发展。

一、学科课程结构

课程标准将体育与健康课程学习内容划分为运动参与、运动技能、身体健康、心理健康与社会适应四个方面。基于此,"韵动体育"课程依据《义务教育课程标准(2011年版)》中体育与健康基础知识、田径类、球类、体操类、游泳和冰雪类、武术类、民族民间体育活动类等课程内容的规定为基础,以发展学生运动能力、健康行为、体育品德为目标,我们特此建构了"韵之爱""韵之能""韵之动""韵之行"四大类别体育学科课程内容(见图7-2-1)。

图7-2-1　合肥市五十中学西校"韵动体育"课程结构图

上图中，各板块课程具体表述如下：

"韵之爱"课程目标指向学生要全面参与体育运动中来，培养运动兴趣，养成运动习惯，做一个爱运动的学生。

"韵之能"课程培养学生技能的学习和体能的发展，它体现了"韵动体育"课程以身体练习为主要手段的基本特征，是发展学生基本技术技能的主要途径。

"韵之动"课程目标指向学生身体的健康，它体现了"韵动体育"课程注重学生对体育与健康知识学习和实践。

"韵之行"课程指向心理健康与社会适应，它是"韵动体育"课程功能和价值的重要体现。学生积极参加各类体育游戏活动和比赛，通过游戏和竞赛来提高学生的积极性，在游戏中锻炼其身体基本的活动能力，培养学生奋勇争先、团结协作的体育品质。

二、学科课程设置

"韵动健康"四大版块的内容基础，这些教学内容的开展和实施，既有侧重点，又互相融合，互为补充，渗透在整个体育教学活动中。我们以七年级为例，阐述学科课程设置表。（见表7-2-2）

表7-2-2　合肥市五十中学西校"韵动健康"课程设置表

年级	课程类型	课程名称	课程内容	课程资源	课程目标
七年级上学期	韵之爱	体育与健康	体育与健康知识	教科书，体育教师	了解体育知识，养成锻炼习惯
	韵之能	力挽狂"篮"	基本技能	体艺馆，专业教练	掌握基本动作，培养球感
		"排"山倒海	基本技能	体艺馆，专业教练	掌握基本动作，培养球感
		始于"足"下	基本技能	足球场，专业教练	掌握基本动作，培养球感
	韵之动	我是一个兵	学生军训	聘请教官，操场	严以律己，培养爱国主义精神
		一"举"一"动"	广播体操，跑操	操场，领操员，音乐	同心协力，整齐划一，培养合作意识
	韵之行	我"行"我秀	缤纷社团	社团嘉年华	秀出自己，秀出活力

续　表

年级	课程类型	课程名称	课程内容	课程资源	课程目标
七年级下学期	韵之爱	健康卫士	体育知识及对身体重要性	体育课堂	普及知识，培养健康习惯
	韵之能	力挽狂"篮"	技战术配合	体艺馆，专业教练	理解技战术配合运用
		"排"山倒海	技战术配合	体艺馆，专业教练	理解技战术配合运用
		始于"足"下	技战术配合	足球场，专业教练	理解技战术配合运用
		绳彩飞扬	动作方法	体艺馆，专业教练	培养跳绳习惯
	韵之动	"动"吧少年	熟练广播体操，跑操有速度	操场，领操员，音乐	同心协力，整齐划一，培养合作意识
	韵之行	我"行"我秀	选拔优秀学员	体育竞赛	秀出自己，秀出荣誉

第四部分　学科课程实施

一、打造"韵动课堂"

"韵动课堂"是通过学生的身心活动，在学习和掌握体育知识、技术和技能的反复练习中，锻炼学生的身体，达到增强体质的目的。

"韵动课堂"应以培养运动兴趣、养成锻炼习惯、掌握运动技能、增强个人体质为主，体现体育课的育人价值，即发展良好的心理品质，提高合作与交往的能力，提高自觉维护健康的意识，基本形成健康的生活方式和积极进取、乐观开朗的人生态度。

根据全面发展的需求确定课程目标体系和课程内容，根据学生的身心发展规律划分学习水平，根据可评价原则设置可操作和可观测的学习目标，根据课程学习目标和发展性要求建立多元的学习评价体系。

课程内容是教育的载体，课程内容要满足学生多元发展需求的可能性。多元的课程内容能够满足学生的学习兴趣，充实学生的学习生活，丰富学生的学习体验，是"韵动课堂"建设的基础。

规范的教学是保证学科质量的基础。教学方法的选择应促进学生全面发展，应针对不同水平的学生身心发育的特点，应创设民主、和谐的教学情境，应在技能教学的同时发展学生的体能，应重视学生之间的个体差异，因材施教。

有意识地进行学科学习及学法的指导，将重点放在培养良好的学习习惯上，注重对学生进行学习方法、学习能力的指导和训练。注意教法和学法相结合，课内与课外相结合。

二、打造"韵动大课间"

"韵动大课间"的实质是利用上午的大课间时间开展各项体育锻炼，达到增强学生体质的目的，可以更好地贯彻党的教育方针，全面实施素质教育，培养德、智、体等全面发展的社会主义建设人才，同时贯彻落实教育局下发的"学生每天体育活动时间不小于一小时"的文件精神。

1. 学校成立大课间活动领导小组、执行小组两个具体部门。

领导小组：负责组织领导"大课间体育活动"的实施、指导、保障、协调、检查和评比工作，保证"大课间体育活动"正常有序开展，对发现的问题和隐患及时解决。

执行小组：负责"大课间体育活动"的具体实施，包括拟订方案、制作音乐、组织训练、维持秩序和纪律、组织学生会检查和点评等。体育教师负责平时的训练、现场组织和指导工作；班主任老师负责维持现场纪律、组织和安全工作，政教处老师负责维持现场安全、秩序和学生会检查工作；值班人员负责各楼层的安全；医务人员做好相应的医疗保障工作。

2. 活动时间：上午9：25—9：55。

3. 活动记录：德育处将每天活动情况进行评价、总结，将各班每天的积分进行统计、评比并每周公布排名，同时计入每班考核。

4. 各班要按照活动安排表安排的内容和场地开展活动，鼓励创新，原则是活动要兼顾趣味性、可行性和安全性。

5. 实施途径：学校统筹与班级自主相结合。学校统筹安排活动框架，把整个大课间活动划分为晴天和雨天两种，雨天活动内容由班级根据各班情况自主确定。学校管理与全员参与相结合。学校政教处以班级为单位，将所有任课老师划分到所任课班级中，全过程参与该班活动，并协助班主任做好活动组织、纪律管理和安全保障等工作，确保每次活动都能高质量、高标准进行。体育活动与艺术赏析相结合。在活动内容上，要将德育、体育、综合实践活动和艺术赏析有机地融为一体，整体提高中学生的综合素质。

三、打造"韵动社团"

"韵动社团"是学校所有体育社团开展的总称，以学生为主体，全面提升学生体育素养的社团。"韵动社团"的开展，充分调动了学生参与的主动性和积极性，促使广大学生扩大体育爱好的领域，领略了很多体育项目的魅力，同时增强学生参与体育锻炼的意识，提高学生的身体素质，为学生培养终身锻炼的良好习惯奠定基础。

1. 纪律性，守纪是基础。体育小组成员应严格遵守纪律，在操场不准做与体育学习无关的事，应听从体育教师的安排，保证体育过程中的安全，爱护体育设施和用品。

2. 从兴趣出发，兴趣为引导。努力学习，致力于提高自身的身体素质、增强运动技能，培养吃苦耐劳的良好品质。

3. 配备专业体育教师，专业有保障。使学生了解更多体育运动知识，提高运动水平。以集体训练为主，以个人练习为辅，以培养技能为主进行教学。体育教师要认真负责，把它看成是学校教育的组成部分，使小组活动开展得生动、活泼、丰富。

4. 基础设施、学校做好组织工作，制度需规范。在学生自愿报名参加的基础上，要挑选各班有一定体育基础、成绩较好的学生参加。要选出身体素质较高、成绩也好的学生担任组长。社团活动要在教师的指导下充分发挥学生的骨干力量。制定必要制度，抓好思想工作。要教育学生自觉遵守学习制度，准时参加体育活动。明确学习目的，培养勤奋好学、积极进取的精神，促进学生的全面发展。

四、打造"韵动比赛"

"韵动比赛"是以比赛为手段开展的面向全体学生的体育竞赛活动，是提高学生体育运动技能习得与学校体育课程品质的有效途径。它能够增强学生自信，培养其集体荣誉感，满足学生个性化发展的需求。体育教研组依据学校体育特色的发展需要，积极组织学生参与各级别比赛，努力搭建赛事平台，帮助学生发展体育特长、获得学习的成就感，进而享受体育竞技的魅力，为其终身发展提供多种可能性。

综上所述，"韵动体育"课程是一门以身体"韵动"练习为主要手段，有节奏、有规律的运动课程。我校结合具体课程时间安排与学生实际身体素质状况，本着健康第一的原则，以健康的视野，本土化的行动，设计出彰显我校特色的"韵动体育"系列活动，确保学生每天锻炼一小时，切实增强学生的体质，培养学生参与体育活动的兴趣，促使学生主动参与体育活动，促进学生的全面发展和可持续发展。

（撰稿者：陈胜　吴义恒　王标　李佳朋　胡志杰）

后记

课程是学校的核心竞争力。自2015年至今，我们以学校课程建设为切入口开启了学校内涵发展、品质提升的变革之路。回首过去的五年时光，我们收获颇丰。

五年里，我们对学校课程的认识从模糊到逐渐清晰，从当初关注课外活动的1.0版本到以需求为导向触点变革的2.0版本，再到如今聚焦质量的学科课程群设计的3.0版本，我们终于明白什么样的课程是被需要的。

五年里，从文化的顶层设计到课程理念的建构，我们沿着逻辑线一脉相承，大爱课程的轮廓渐次清晰，"五育并举"，向着大爱方向，我们在尽情奔跑。

五年里，在上海市教育科学研究院品质课程专家团队的引领下，我们如饥似渴地学习，迅速地成长。我们向先发地区同行请教，寻他山之石扬长避短；我们向自己的学生学习，换位思考，为他们的成长量身定做；我们向热心的家长学习，拓展资源赋能课程建设。

五年里，我们坚持学校课程建设目标与教育教学工作目标的一致性，紧紧围绕学校工作开展课程建设。加强教师的培养，加速他们从"课程的追随者"到"课程的设计者"的转变，为学校课程建设储备长久的动能。

五年里，我们越来越清晰地看到课程学习不仅是指向知识，更是指向人。我们更关注世界向学生的意识显现的过程，努力使知识在学生的意识中获得和呈现，于是我们做了如下转变：

1. 从"客体知识输入"到"主体经验改造"转变。强调课程学习要关注学生主体经验的唤醒、深化与迁移、拓展，如微报社课程中就明确要求学生自主搜集素材，小组合作，充分运用自己的主体经验，进行校报创意、板块设计，利用绘画、书法等技能开展探究与实践，启发想象力和创新力，开启创造过程。

2. 从"文本资源圈"到"学习体验圈"转变。让体验成为学生学习和发展的源泉，如民间染织课程要求学生通过亲身经历扎染、蜡染两种印染过程，尝试根据自己所设计的图案由简至繁进行实际操作，研究开发扎、蜡染的新材料、新作品。"学习体验圈"的建立实践了叶圣陶先生的教导："品德教育重在实做，不在于能说会道。"

3. 从"课程学习目标"到"课程学习履历"转变。不仅仅关注课程目标，还关注学生在课程学习中发生变化的过程。如模拟联合国课程则是通过模拟联合国的议事规则流程，以文件写作，代表选举，会议技巧等任务驱动，进行小组合作，自主探究，熟悉其运作方式，了解人类所面临的共同问题，从而提出自己的相关解决方法，是全开放的研究性学习。过程中课程组织者动态关注学习中的变化，不断调整目标任务，以期使每一名学习者都能获得更好的学习效果。

4. 从"课程教学"走向"课程育人"转变。我们着力挖掘课程的育人功能，在加强品德修养上下功夫，教育引导学生培育和践行社会主义核心价值观，踏踏实实修好品德，成为有大爱大德大情怀的人。

五年里，我们越来越认识到课程的重要性。学校课程建设必须服务于学科教学，于是我们全面打造了学科课程群。学科课程群以 1＋X 的模式呈现，"1"指的是国家课程，"X"指的是围绕此国家课程开展的若干校本课程。我们根据国家课程的目标与任务按学期制定相应校本课程目标选择内容，并组织实施与评价。学科课程群的建设有力地支持了国家课程本土化、校本化，有效服务于日常教学，提升育人质量。

五年风雨兼程，前行的轨道已经铺向远方，那里一定有诗与阳光。

胡志杰

2021 年 5 月 9 日

学校整体课程规划的七个关键	978-7-5760-0424-3	62.00	2021年3月
课堂教学的30个微技术	978-7-5760-1043-5	52.00	2020年12月
教学诠释学	978-7-5760-0394-9	42.00	2020年9月
原点教学:提升区域育人质量的策略研究	978-7-5760-0212-6	56.00	2020年8月

学校课程发展精品丛书

学科课程群与全经验学习	978-7-5760-0583-7	48.00	2021年1月
育人目标与课程逻辑	978-7-5760-0640-7	52.00	2021年2月
学科课程与深度学习	978-7-5760-0505-9	52.00	2021年2月
学校课程的文化表情:百花园课程的学科指向与深度实施	978-7-5760-0677-3	38.00	2021年2月
学校文化与课程变革	978-7-5760-0544-8	62.00	2021年2月
语文天生重要:语文学科课程群设计	978-7-5760-0655-1	44.00	2021年2月
五育并举的课程体系:致良知课程的旨趣与探索	978-7-5760-0692-6	48.00	2021年1月
学科课程与育人质量	978-7-5760-0654-4	48.00	2021年1月
在地文化与课程图谱	978-7-5760-0718-3	46.00	2021年2月
中观课程设计与学科课程发展	978-7-5760-0624-7	36.00	2021年1月
大教学:英语学科核心素养培育的课程模式	978-7-5760-0462-5	46.00	2021年1月

特色学校聚焦丛书

不一样的生命,一样的精彩	978-7-5675-8675-8	34.00	2019年3月
童味正醇:特色学校的文化图谱	978-7-5675-8944-5	39.00	2019年8月
特色普通高中课程建设探索	978-7-5675-9574-3	34.00	2019年10月

书名	ISBN	定价	出版时间
儿童是天生的探索者:360°科学启蒙教育	978-7-5675-9273-5	36.00	2020年2月
做精神灿烂的教师:教师自我成长的5个密码	978-7-5760-0367-3	34.00	2020年7月
让教育温暖而芬芳	978-7-5760-0537-0	36.00	2020年9月
快乐教育与内涵生长	978-7-5760-0517-2	46.00	2020年12月
故事教育与儿童发展	978-7-5760-0671-1	39.00	2021年1月
美好教育:学校内涵发展的循证研究	978-7-5760-0866-1	34.00	2021年3月
把美好种进儿童心田	978-7-5760-0535-6	36.00	2021年3月
倾听生命的天籁:"天籁教育"的实践与探索	978-7-5760-1433-4	38.00	2021年9月
为了每一个孩子的美好心愿	978-7-5760-1734-2	50.00	2021年9月
向着优秀生长:"模范教育"的理念与实践	978-7-5760-1827-1	36.00	2021年11月

跨学科课程丛书

书名	ISBN	定价	出版时间
大情境课程:主题设计与创意评价	978-7-5760-0210-2	44.00	2020年5月
社会参与素养的培育模型与干预机制	978-7-5760-0211-9	36.00	2020年5月
大概念课程:幼儿园特色主题活动设计	978-7-5760-0656-8	52.00	2020年8月
项目学习:进入学科的课程智慧	978-7-5760-0578-3	38.00	2021年4月
STEAM课程的设计与实施	978-7-5760-1747-2	52.00	2021年10月
幼儿个性化运动课程	978-7-5760-1825-7	56.00	2021年11月

核心素养导向的课堂教学丛书

书名	ISBN	定价	出版时间
漾着诗性智慧的课堂教学	978-7-5675-9308-4	39.00	2019年7月
转识成智的课堂教学:核心素养导向的历史教学	978-7-5760-0164-8	40.00	2020年5月
学导式教学:学会学习的教学范式	978-7-5760-0278-2	42.00	2020年7月

书名	ISBN	定价	出版时间
高阶思维教学的关键技术	978-7-5760-0526-4	42.00	2021年1月
会呼吸的语文课：有氧语文的旨趣与实践	978-7-5760-1312-2	42.00	2021年5月
高阶思维教学的核心指向	978-7-5760-1518-8	38.00	2021年7月
磁性课堂：劳动技术课就这样上	978-7-5760-1528-7	42.00	2021年7月
核心素养导向的作业设计	978-7-5760-1609-3	40.00	2021年8月
语文，让精神更明亮	978-7-5760-1510-2	42.00	2021年9月
"六会"教学法：基于核心素养的课堂教学	978-7-5760-1522-5	42.00	2021年9月

特色课程建设丛书

书名	ISBN	定价	出版时间
教师，生长的课程	978-7-5760-0609-4	34.00	2020年12月
学校课程发展的实践范式	978-7-5760-0717-6	46.00	2020年12月
丰富学习经历：如歌式课程的愿景与深度	978-7-5760-0785-5	42.00	2020年12月
学科课程群设计方法	978-7-5760-0579-0	44.00	2021年3月
学校美育课程的立体建构：菁华园课程的逻辑与框架	978-7-5760-0610-0	36.00	2021年3月
关键学习素养与学科课程设计	978-7-5760-1208-8	34.00	2021年4月
学校课程设计：愿景建构与深度实施	978-7-5760-1429-7	52.00	2021年4月
生长性课程：看见儿童生长的力量	978-7-5760-1430-3	52.00	2021年4月
"慧阅读"课程：儿童视角	978-7-5760-1608-6	42.00	2021年6月
诗意栖居的课程愿景：智慧岛课程的逻辑与深度	978-7-5760-1431-0	44.00	2021年7月
每一个孩子都是最重要的人：V-I-P课程的内在意蕴与学科视角	978-7-5760-1826-4	54.00	2021年8月
给每一个孩子带得走的能力：井养式课程的旨趣与探索	978-7-5760-1813-4	42.00	2021年10月
指向核心素养的课程统整框架：I AM BEST 课程的学科之维	978-7-5760-1679-6	48.00	2021年11月